150 questions sur l'édition

Marc Autret

150 questions sur l'édition

Antisèche à l'usage des auteurs

préface d'Emmanuel Pierrat,
avocat, éditeur et écrivain

L'Oie Plate
collection « Poids Moyen »

*Ce livre est dédié à
Roger Gaillard, Claude Aubert
et André Muriel, trois forçats
de la défense des auteurs*

Conception graphique,
typographie et infographie :
Marc Autret

En couverture, machine
à écrire de marque
Remington photographiée
par Jean-Marc Sangès

Fonte *Myriad* créé par
Robert Slimbach en 1991

Pour contacter l'auteur :
marcautret@free.fr

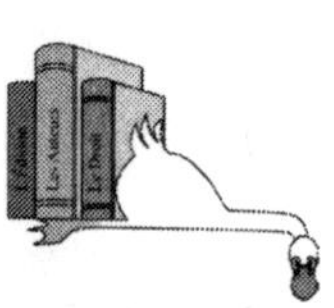

ISBN 978-2-916082-00-4

L'Observatoire indépendant de l'édition
pour les auteurs très exigeants
BP 17, 94404 Vitry Cedex

préface

par Emmanuel Pierrat,
avocat, éditeur et écrivain

Je ne sais pas si la muse est encore indispensable à l'écrivain. Le livre de Marc Autret le sera désormais à coup sûr pour quiconque espère qu'un jour ses « travaux d'écriture » trouvent preneur chez un éditeur, s'empilent sur les tables des (bonnes) librairies et, mieux encore, fassent le bonheur de nombreux lecteurs.

Aucune des étapes essentielles, parmi ces 150 questions, n'est épargnée à l'auteur en herbe. Les conseils juridiques y sont bien entendu légion, à l'heure d'une judiciarisation croissante de la société française, et, par voie de conséquence, du milieu du livre. Mais la justesse, la pertinence et le pragmatisme des réponses hissent cette Antisèche *à la fois au rang des meilleurs traités à l'usage des professionnels du droit de l'édition comme à celui des manuels d'initiation destinés aux profanes.*

Marc Autret a bien saisi l'importance de la dimension contractuelle dans le processus éditorial, des notions de plagiat, de protection d'une œuvre, etc. Il en restitue l'essentiel, sans ajouter de digressions stériles ou de réflexions qui ne fassent mouche. Notre observateur est désormais un redoutable concurrent des avocats spécialisés !

Là n'est pas la seule des qualités de ce qui deviendra le « Marc Autret » pour n'importe quel écrivain, futur ou déjà « accompli ». Car dix années de journalisme spécialisé lui ont appris toutes les chausse-trapes, toutes les ficelles, si bien tendues ou dissimulées, de Saint-Germain-des-Prés.

Marc Autret était présent lors des moments forts de l'épopée la plus récente du monde éditorial, nourrie de conservatisme et d'évolutions soudaines. Il a pu saisir sur le vif les allusions, les petites phrases, les anecdotes, mais aussi capter les manies et les stratégies de chacun, recueillir les témoignages indispensables. Ce journaliste-écrivain a, au surplus, analysé les communiqués de presse trompeurs aussi bien que les intrigues dont tout débutant doit avoir connaissance.

C'est ainsi que le sens de la pédagogie est mis au service de la présentation du manuscrit, des processus de sélection appliqués par les maisons les plus élitistes ou prétentieuses, en clair, des chances d'être édité et de la façon de les « optimiser ». Ce parcours du combattant méritait enfin d'être raconté et disséqué par une plume aussi rigoureuse qu'incisive et patentée.

Il a su, de son poste de scrutateur sans concession, restituer tout cela. Son volume, d'un genre faussement aisé, est écrit avec brio ; il pourrait désormais, par une curieuse mise en abîme, servir de modèle, par sa concision et sa précision, au manuscrit idéal…

Enfin, les abondantes fiches techniques achèveront de convaincre tous ceux qui taquinent la plume de l'utilité du présent ouvrage. Ce guide pratique devrait s'intituler « 150 questions sur l'édition… et tout ce qu'il faut savoir pour être édité, sans pour autant se faire flouer… »

Bref, ce ne sont pas seulement 150 questions sur l'édition *que nous propose aujourd'hui Marc Autret, mais bel et bien LES 150 réponses essentielles à qui s'aventure dans la jungle de la publication. Parole de rescapé, qui se croyait, avant cette lecture, aguerri et bien armé !*

Emmanuel Pierrat

pourquoi ce guide ?

L'année 2004 a vu disparaître, sous le couperet de l'opportunisme judiciaire, la plus active des organisations au service des auteurs français. Sous le sigle Calcre, cette association s'escrimait depuis vingt-cinq ans à défendre et informer les écrivains et artistes, à professionnaliser leur approche de la publication et à dégraisser quelques marmites douteuses dans les arrière-cuisines de l'édition.

À l'inverse de syndicats et sociétés outrageusement subventionnés pour leur dextérité à servir annuellement le crémant aux émissaires culturels, le Calcre vivait de sa seule et bénévole énergie en faveur des maillons faibles de l'écosystème littéraire : les « auteurs inconnus / débutants ».

Aucun média, aucune instance, aucune structure impliquée de près ou de loin dans l'économie du livre, n'a jugé opportun de secourir l'association mourante qui avait apporté, par son conseil juridique, par ses publications, par son action indépendante auprès des créateurs et des jeunes éditeurs, vingt-cinq ans d'expertise et de médiation brutes de TVA !

Pourtant, s'il est évident que l'extinction du Calcre a réjoui quelques « éditeurs à compte d'auteur » régulièrement démasqués par cet empêcheur de pigeonner en rond, il serait présomptueux de crier à la conspiration organisée. Ce n'est que la conspiration de l'indifférence qui a enterré notre association.

Car le « milieu » ne juge pas d'utilité publique d'éclairer les auteurs. Qu'ils continuent de piétiner devant la forteresse !

À quoi bon leur fournir un plan du quartier, une boussole? Orienter leurs démarches, affûter leurs stratégies, les préparer à négocier, ce serait leur faire gagner trop de temps!

L'édition française est profondément autarcique, allergique aux «roturiers», enkystée dans ses protocoles séculaires. Le monde des lettres pense, sincèrement, qu'on naît écrivain. Il nie l'apprentissage, l'acquisition d'un métier, la pratique d'une acuité partagée. Les comités de lecture se disent uniformément assaillis par des imposteurs, des importuns, rien ne leur profite, toutes les cartes de la littérature sont déjà entre leurs mains. L'édition se refuse à l'intégration.

Mais alors, à quoi serviront donc ces 150 réponses?

D'abord, à se prémunir. Non pas seulement contre l'échec, mais contre ses engrenages. Aux portes de l'édition, l'auteur installé dans l'échec encourt une sorte de cécité qui le prive de bon sens et l'engage vers des contrats de dupes. Les vautours sont nombreux qui monnayent le réconfort d'une publication à celui qui n'en mesure que les enjeux affectifs… au détriment de ses droits et de son compte en banque.

Ensuite, à scruter au-delà des citadelles du 6e arrondissement. Derrière l'arbre malade de sa trop longue indigestion, on aperçoit une pépinière de solutions et d'alternatives où la créativité sait encore triompher. Quand bien même il manquerait du talent homologué sur les hauts plateaux, l'auteur a le droit d'écrire et de rechercher un public. Qu'il le trouve sur la place du marché de son village natal ou dans le chaos de l'Internet, pour la gloire, l'argent ou l'amour de la liberté d'expression, autant qu'il se donne les moyens de *sa* réussite.

Enfin, l'histoire de l'art et l'arithmétique des probabilités enseignent qu'à tout instant il existe des auteurs parfaitement inconnus et de très grande valeur esthétique ou intellectuelle. Leur nombre epsilonien pousse souvent à les négliger dans l'équation littéraire. Mais ne devraient-ils pas en être le pivot? Ne faudrait-il pas tout mettre en œuvre pour les extraire, intacts, de l'anonymat. Ce guide espère en rencontrer quelques-uns et les accompagner dans l'arène. M. A.

apostille

Ce livre regroupe, renforce et complète un ensemble d'articles que j'ai publiés dans le bimestriel *Ecrire&Editer* durant les années 1996-2004. La plupart ont été remaniés de fond en comble pour les besoins du format ici adopté et par souci d'actualisation.

L'angle didactique de ces articles s'est plus nettement manifesté dans quelques-uns des numéros parus, aujourd'hui épuisés ou difficiles à dénicher.

Le lecteur fétichiste décèlera notamment l'influence résiduelle des dossiers intitulés : « 50 questions sur l'édition » (*Ecrire&Editer* n° 15, mars 1998) ; « Comment déminer un contrat d'édition » (*E&E* n° 24, sept. 1999) ; « Guide anti-plagiat » (*E&E* n° 36, mars 2002).

L'ossature de la rubrique « TUYAUTHÈQUE » que j'ai créée puis animée sur le site *calcre.com* au début des années 2000 m'a également servi à élaborer le patron de ce livre.

Je me dois enfin de signaler, à l'attention des bibliographes sourcilleux, que la majorité des papiers et enquêtes dont je réutilise la substance ont été produits, jadis, sous le pseudonyme de Pauline Morfouace.

MODE D'EMPLOI

Fragmenter en 150 facettes les problématiques de l'édition telles qu'elles pourraient apparaître à un auteur « moyennement averti » est une opération incertaine. L'ignorance du lecteur est toute relative, et son appétit de précision ou de vulgarisation varie en conséquence.

Nous lui proposons une solution modulée : les questions « naïves » sont traitées naïvement (en limitant les prérequis), tandis que les questions pointues font l'objet d'une plus franche technicité (en limitant les préambules). Dans les deux cas, les réponses vont au plus concis.

Les articles sont d'autant plus compacts qu'ils entretiennent une très forte interdépendance. Afin de limiter les redites, de nombreux liens sont figurés aux termes clefs par un indice de la forme **#n** qui renvoie à un article associé.

L'indice de chaque article apparaît très visiblement en haut de page, ce qui invite le lecteur à une navigation hypertexte, soit à partir d'un article quelconque, soit à partir de l'index ou de la table des matières (dont les entrées renvoient aux indices et non à la pagination).

Bien que ce guide soit adapté à une lecture de consultation plutôt qu'à une lecture linéaire, la progression des articles est orientée, autant que faire se peut, du général au particulier. On peut donc estimer qu'un parcours linéaire des cinq ou dix premières questions de chaque chapitre procure une vue d'ensemble satisfaisante du sujet.

Des annotations et références marginales jalonnent le texte, mais c'est un ornement que nous avons volontairement restreint afin que les réponses proposées demeurent, dans une très large mesure, autosuffisantes.

Les citations composées *« entre guillemets et en italique »* signalent expressément l'extrait d'un texte législatif. Les autres citations sont composées simplement entre guillemets. Certains jugements cités ou mentionnés (jurisprudence) sont assortis d'une indication de lieu et de date entre crochets, par exemple **[Paris, 1969]**. Il s'agit du lieu de juridiction et de l'année où le jugement fut prononcé.

A

les fondamentaux

Centre de gravité de toute création littéraire ou artistique, la propriété intellectuelle est source de nombreux malentendus entre les auteurs, qui la font naître, et les éditeurs, qui lui donnent une vie commerciale. La présente section pose le décor, les costumes et les acteurs qui environnent l'éclosion de l'œuvre, d'abord objet de l'esprit, ensuite objet d'industrie.

Que signifie le sigle CPI ?

CPI désigne le *Code de la propriété intellectuelle*. C'est le sésame et le compas du droit d'auteur français.

Le *Code de la propriété intellectuelle* est le cadre législatif formalisant, en France, la protection des auteurs et des créations au sens large. Né sous la Révolution, plaidé par Beaumarchais, le concept de droit d'auteur aura attendu deux siècles pour recevoir une codification potable à travers la légendaire loi du 11 mars 1957 sur la propriété littéraire et artistique. Potable, mais pas définitive…

Fruit d'une loi réformatrice promulguée le 1er juillet 1992, le CPI modernise et supplante la loi de 1957 au-delà des espérances formulées par une autre loi, du 3 juillet 1985, qui visait l'institution d'un « Code du droit d'auteur et des droits voisins ».

La reconnaissance tardive des dits droits voisins[#15] (attachés aux artistes-interprètes) et l'effervescence de la création audiovisuelle et logicielle a probablement retardé l'institution d'un code assez stable pour supporter la révolution intellectuelle et industrielle à laquelle le législateur a assisté à la fin du XXe siècle.

Force articles de nature législative (ceux commençant par la lettre *L*) ou réglementaire (ceux commençant par la lettre *R*) enrichissent le CPI sur les questions brûlantes de la reprographie ou des œuvres numériques. On assiste à des aménagements en matière de multimédia et de télé- …

STRUCTURE DU
CODE DE LA PROPRIÉTÉ INTELLECTUELLE
(partie législative)

PREMIÈRE PARTIE :
LA PROPRIÉTÉ LITTÉRAIRE ET ARTISTIQUE

LIVRE IER : LE DROIT D'AUTEUR

Titre Ier : Objet du droit d'auteur
- Chap. Ier : *Nature du droit d'auteur*
- Chap. II : *Œuvres protégées*
- Chap. III : *Titulaires du droit d'auteur*

Titre II : Droits des auteurs
- Chap. Ier : *Droits moraux*
- Chap. II : *Droits patrimoniaux*
- Chap. III : *Durée de la protection*

Titre III : Exploitation des droits
- Chap. Ier : *Dispositions générales*
- Chap. II : *Dispositions particulières à certains contrats*
- Chap. III : *Rémunération au titre du prêt en bibliothèque*

LIVRE II : LES DROITS VOISINS DU DROIT D'AUTEUR

Titre unique
- Chap. Ier : *Dispositions générales*
- Chap. II : *Droits des artistes-interprètes*
- Chap. III : *Droits des producteurs de phonogrammes*
- Chap. IV : *Dispositions communes aux artistes-interprètes et aux producteurs de phonogrammes*
- Chap. V : *Droits des producteurs de vidéogrammes*
- Chap. VI : *Droits des entreprises de communication audiovisuelle*
- Chap. VII : *Dispositions applicables à la télédiffusion par satellite et à la retransmission par câble*

LIVRE III : DISPOSITIONS GÉNÉRALES RELATIVES AU DROIT D'AUTEUR, AUX DROITS VOISINS ET DROITS DES PRODUCTEURS DE BASES DE DONNÉES

Titre Ier : Rémunération pour copie privée
- Chap. unique

Titre II : Sociétés de perception et de répartition des droits
- Chap. unique

Titre III : Procédures et sanctions
- Chap. Ier : *Dispositions générales*
- Chap. II : *Saisie-contrefaçon*
- Chap. III : *Saisie-arrêt*
- Chap. IV : *Droit de suite*
- Chap. V : *Dispositions pénales*

Titre IV : Droits des producteurs de bases de données
- Chap. I : *Champ d'application*
- Chap. II : *Étendue de la protection*
- Chap. III : *Sanctions*

DEUXIÈME PARTIE :
LA PROPRIÉTÉ INDUSTRIELLE

LIVRE IV : ORGANISATION ADMINISTRATIVE ET PROFESSIONNELLE

Titre Ier : Institutions
- Chap. Ier : *L'Institut national de la propriété industrielle*
- Chap. II : *Le comité de protection des obtentions végétales*

Titre II : Qualification en propriété industrielle
- Chap. Ier : *Inscription sur la liste des personnes qualifiées en matière de propriété industrielle*
- Chap. II : *Conditions d'exercice de la profession de conseil en propriété industrielle*
- Chap. III : *Dispositions diverses*

LIVRE V : LES DESSINS ET MODÈLES

Titre Ier : Conditions et modalités de la protection
- Chap. Ier : *Champ d'application*
- Chap. II : *Enregistrement d'un dessin ou modèle*
- Chap. III : *Droits conférés par l'enregistrement*
- Chap. IV : *Dispositions diverses*

Titre II : Contentieux
- Chap. unique

LIVRE VI : PROTECTION DES INVENTIONS ET DES CONNAISSANCES TECHNIQUES

Titre Ier : Brevets d'invention
- Chap. Ier : *Champ d'application*
- Chap. II : *Dépôt et instruction des demandes*
- Chap. III : *Droits attachés aux brevets*
- Chap. IV : *Application de conventions internationales*
- Chap. V : *Actions en justice*

Titre II : Protection des connaissances techniques
- Chap. Ier : *Secret de fabrique*
- Chap. II : *Produits semi-conducteurs*
- Chap. III : *Obtention végétale*

LIVRE VII : MARQUES DE FABRIQUE, DE COMMERCE OU DE SERVICE ET AUTRES SIGNES DISTINCTIFS

Titre Ier : Marques de fabrique, de commerce ou de service
- Chap. Ier : *Eléments constitutifs de la marque*
- Chap. II : *Acquisition du droit sur la marque*
- Chap. III : *Droits conférés par l'enregistrement*
- Chap. IV : *Transmission et perte du droit sur la marque*
- Chap. V : *Marques collectives*
- Chap. VI : *Contentieux*
- Chap. VII : *La marque communautaire*

Titre II : Appellations d'origine
- Chap. unique

communication bien qu'un arsenal juridique existe déjà par ailleurs sur la réglementation des télécoms et des services audiovisuels.

LA PROPRIÉTÉ LITTÉRAIRE ET ARTISTIQUE

Reste que le CPI, fidèle à la loi tutélaire instituant la propriété littéraire et artistique, édicte un droit d'auteur « à la française » dont la spécificité est de comporter au-delà d'attributs pécuniaires (dits *patrimoniaux*#8) des attributs *moraux*#7 inaliénables et incessibles, ne pouvant faire l'objet de transaction marchande. Là se situe la différence cruciale avec le droit anglo-saxon, régi par le *copyright*#10.

Puisqu'il en est l'héritier, le CPI reprend pour une large part l'esprit et la lettre de la loi du 11 mars 1957, tant et si bien que certains contrats d'édition jamais époussetés font encore référence aux anciens articles comme si de rien n'était. Une correspondance entre la numérotation de la loi de 1957 et celle du CPI est facile à établir.

Cependant, au-delà des champs de création traditionnellement induits par la propriété littéraire et/ou artistique, le CPI procède à une intégration massive de faits techniques et industriels (les bases de données, la reprographie, les brevets, les marques…) qui décloisonne son propos.

OÙ CONSULTER LE CODE ?

Le CPI forme un pan du *Code civil*. On se le procurera en version intégrale chez un éditeur comme Dalloz (qui publie les fameux guides rouges dans le domaine juridique) ou bien Litec (collections à dominante bleue). La plupart des éditeurs juridiques ont par ailleurs établi une édition isolée du CPI assortie de riches commentaires jurisprudentiels.

D'autre part, le code est librement consultable sur Internet à diverses adresses, notamment sur le service public Legifrance (*www.legifrance.gouv.fr*) ou sur le serveur de Celog (*www.celog.fr/cpi/*).

Au fait, qu'est-ce qu'une œuvre ?

Le XXe siècle a étendu le concept d'œuvre au-delà du prévisible. Serait-ce devenu un objet métaphysique ?

Entité littéraire ou artistique longtemps enfermée dans le chloroforme du XIXe siècle, l'œuvre est aujourd'hui théorisée comme une production de l'esprit au sens le plus libéral, incluant aussi bien le logiciel que la bible d'une sitcom ou la charte graphique d'un groupe pétrolier.

Sur le plan juridique, l'œuvre est un objet social avant d'être un objet culturel : elle confère *ipso facto* la qualité d'auteur et des droits privatifs à l'individu qui en a la paternité, indépendamment du mérite, du genre ou du rôle qu'on pourrait lui assigner dans le paysage intellectuel.

UN OBJET DÉSACRALISÉ

L'article L.112-1 du CPI[#1] ne dit pas autre chose : « *Les dispositions du présent code protègent les droits des auteurs sur toutes les œuvres de l'esprit, quels qu'en soient le genre, la forme d'expression, le mérite ou la destination.* »

Ainsi, les parias d'hier — designers, programmeurs, pornographes, nègres, pigistes… — bénéficient aujourd'hui du régime du droit d'auteur sur leur production.

D'un autre côté, la surchauffe du « tout-créatif », parfois un peu arbitraire, a mis la jurisprudence en ébullition.

Accessoirement, l'avènement de supports, formats et médias alternatifs a compliqué la doctrine de la reproduction et de la représentation#9 des œuvres, doctrine qui mettait tout le monde d'accord avant l'ère numérique.

Enfin, l'œuvre n'est pas une marchandise, mais l'objet qui résulte de sa mise en forme et de sa production (*l'ouvrage*) a toutes les raisons de l'être, car lui seul permet une exploitation pécuniaire. C'est ce qui fait écrire à Sandra de Faultrier-Travers[1] que «l'œuvre ne conférera à son auteur des droits patrimoniaux qu'à partir du moment où elle ne sera plus considérée comme inédite».

(1) ***Le Droit d'auteur dans l'édition*, S. de Faultrier-Travers, éd. Imprimerie nationale, 1993, p. 43**

LE PARFUM DE L'INACHEVÉ

Cependant, le législateur ne considère ni la publication (communication au public) ni l'exploitation commerciale comme des conditions nécessaires à l'émergence de l'œuvre. L'œuvre privée, l'œuvre inachevée, l'œuvre posthume, sont autant de déclinaisons du principe qui pose l'œuvre indépendamment de sa consécration économique :

«*L'œuvre est réputée créée, indépendamment de toute divulgation publique, du seul fait de la réalisation, même inachevée, de la conception de l'auteur.*» (CPI, art. L.111-2)

Ainsi, les auteurs déposent#89 leurs manuscrits, voire leurs synopsis, auprès de sociétés qui en conservent la trace aux fins d'établir l'antériorité, le certificat de naissance, de la chose créée.

L'ŒUVRE PROTÉGEABLE : UNE FORME ORIGINALE

Confrontée à un phénomène sans limites concrètement fixées par la loi, la jurisprudence a dû dresser ses propres garde-fous pour juguler les aspirations de tout un chacun à se décréter auteur d'une œuvre.

Si l'œuvre est en soi immatérielle, il lui faut une empreinte pour être *prouvée*. De là un principe constamment appliqué : le droit d'auteur protège la forme et non la substance de l'œuvre. C'est un point délicat et sujet à polémique qui, ...

« Sont considérés notamment comme œuvres de l'esprit au sens du présent code :

1° Les livres, brochures et autres écrits littéraires, artistiques et scientifiques;

2° Les conférences, allocutions, sermons, plaidoiries et autres œuvres de même nature;

3° Les œuvres dramatiques ou dramatico-musicales;

4° Les œuvres chorégraphiques, les numéros et tours de cirque, les pantomimes, dont la mise en œuvre est fixée par écrit ou autrement;

5° Les compositions musicales avec ou sans paroles;

6° Les œuvres cinématographiques et autres œuvres consistant dans des séquences animées d'images, sonorisées ou non, dénommées ensemble œuvres audiovisuelles;

7° Les œuvres de dessin, de peinture, d'architecture, de sculpture, de gravure, de lithographie;

8° Les œuvres graphiques et typographiques;

9° Les œuvres photographiques et celles réalisées à l'aide de techniques analogues à la photographie;

10° Les œuvres des arts appliqués;

11° Les illustrations, les cartes géographiques;

12° Les plans, croquis et ouvrages plastiques relatifs à la géographie, à la topographie, à l'architecture et aux sciences;

13° Les logiciels, y compris le matériel de conception préparatoire;

14° Les créations des industries saisonnières de l'habillement et de la parure. […] »

L'article L.112-2 du CPI offre un échantillon non limitatif d'œuvres de l'esprit. La jurisprudence y ajoute par exemple : textes publicitaires, jeux vidéo, mannequins de vitrine, personnages de BD, coiffures, compositions florales, modèle de baby-foot, ou même « le fait d'"emballer" le Pont-Neuf » [Paris, 1986]

implicitement, concentre le droit d'auteur sur le signifiant au détriment du signifié. En pratique, l'œuvre ne peut donc se réduire à une idée, une méthode ou une information, au grand dam de certains *producteurs de concepts.*#23

Par ailleurs, elle n'est protégée#12 que si elle est *originale.* Contrairement à ce qui est souvent avancé — y compris par des juristes — cette condition est purement jurisprudentielle. Nulle part le CPI ne « disqualifie » les œuvres non originales (sauf à n'en considérer que le titre, *cf.* art. L.112-4). Le critère d'originalité#11, à son tour complexe et sujet à fluctuations, a du moins le mérite de replacer l'auteur au centre de l'œuvre.

Auteur ou écrivain ?

Chacun a sa conception de l'auteur et/ou de l'écrivain, et l'usage de ces deux termes n'échappe jamais à la controverse.

Pour Jean Guenot[1], par exemple, l'écrivain est tout bonnement celui qui écrit (l'artisan scripteur) tandis que l'auteur endosse une fonction socioculturelle. Jean-Marie Bouvaist, spécialiste des métiers du livre, identifie lui aussi l'écrivain comme un « artisan de la langue écrite », voire un « artiste »[2].

Chez Valéry, l'écrivain supplante l'auteur car un sacerdoce le lie à son art : « Un auteur, même du plus haut talent, connût-il le plus grand succès, n'est pas nécessairement un "écrivain" ».

(1) *Écrire, Guide pratique de l'écrivain*, J. Guenot, éd. Guenot, 1998

(2) Pratiques et métiers de l'édition, J.-M. Bouvaist, Cercle de la librairie, 1996

Mais, plus prosaïquement, on conviendra de désigner par *écrivain* une personne dont la profession ou le revenu principal réside dans l'écriture de livres. L'acception la plus répandue, enregistrée par le *Robert*, pose spécifiquement l'écrivain comme celui « qui compose des ouvrages littéraires », excluant de ce fait les autres genres#5 d'écriture, en particulier la non-fiction.

L'AUTEUR : TERME GÉNÉRIQUE

En tout état de cause, *auteur* est un terme plus général puisqu'il n'implique pas activité d'écriture mais seulement effort de création. C'est donc la qualification la plus opéra- …

tionnelle pour le juriste, qui voit dans l'auteur un détenteur inaliénable du droit moral#7 sur l'œuvre créée, la nature de cette œuvre#2 n'ayant aucune importance.

Historiquement et culturellement, pour des raisons peu homogènes, la qualification d'auteur semble parfois plus solennelle que celle d'écrivain. Cela tient peut-être au sédiment étymologique : le mot latin *auctor* — « celui qui accroît, ajoute, fonde, engendre... » — place l'auteur dans une position de démiurge dont ne bénéficie pas sans peine le « faiseur de livres ».

Il en résulte quelques partis pris lourds de sous-entendus de la part des syndicats et sociétés d'écrivains établis. La Société des gens de lettres, par exemple, refuse le qualificatif d'auteur à celui qui n'est pas édité « à compte d'éditeur »[3]. À l'inverse de la SGDL, le droit reconnaît en tout créateur d'une œuvre de l'esprit un auteur, indépendamment de la validation éditoriale de cette œuvre. Juridiquement, l'auteur serait en quelque sorte un effet de l'œuvre#2.

(3) Source : débat du « Forum des auteurs », Salon du Livre de Paris, 24 mars 1999

On observera toutefois que la « naissance » juridique de l'auteur peut être différée jusqu'à la divulgation de l'œuvre s'il y a litige sur l'identité du coupable. Ainsi, « *la qualité d'auteur appartient, sauf preuve contraire, à celui ou à ceux sous le nom de qui l'œuvre est divulguée* » (art. L.113-1 du Code de la propriété intellectuelle).

ARTISTES-AUTEURS

L'administration sociale et fiscale (Agessa#73, Maison des artistes, Trésor public) a popularisé le terme d'*artiste-auteur,* qui cumule profitablement les deux concepts. L'article R.382-2 du *Code de la sécurité sociale* partitionne les artistes-auteurs en cinq branches : 1) écrivains ; 2) auteurs et compositeurs de musique ; 3) arts graphiques et plastiques ; 4) cinéma et télévision ; 5) photographie.

Dans la branche « écrivains », l'Agessa précise : « personne dont les œuvres imprimées sont diffusées par la voie du livre par des entreprises d'édition [...] et qui perçoit à ce titre une rémunération qualifiée de droits d'auteur. »

Qu'est-ce qu'un éditeur ?

Pour tout un chacun, l'éditeur est celui qui finance les coups littéraires et éponge le pilon. Mais encore ?

Sans présumer de sa fonction culturelle, intellectuelle, politique, le CPI cerne d'abord « *la personne appelée éditeur* » à travers l'acte éditorial, lequel consiste à :

— fabriquer ou faire fabriquer en nombre des exemplaires de l'œuvre ;

— la publier (il faut entendre ici : publicité, dépôt légal#63 et autres opérations déclaratives) ;

— la diffuser#69 (il s'agit de toutes les opérations commerciales et logistiques favorisant la vente de l'ouvrage).

La trilogie fabriquer / publier / vendre rebondit dans plusieurs articles du CPI, à commencer par l'article L. 132-1 qui encadre le contrat d'édition#41.

Inventé il y a cinq siècles par Alde Manuce, le *métier* d'éditeur englobe évidemment bien d'autres compétences. Il est d'abord celui qui *choisit* l'œuvre à publier. Puis, comme le souligne l'étymologie, celui qui « établit » le texte (préparation matérielle de la copie) avant d'en officialiser la parution. Beaucoup d'éditeurs ont été des accoucheurs et des édificateurs de talents. Cette aptitude, tout comme celle de devancer l'air du temps ou les goûts du public, est un don précieux, sous-estimé par les auteurs…

Le législateur, lui, s'en tient aux gestes professionnels.

Quels sont les « genres » de livres ?

**Roman, essai, album jeunesse, polar, BD…
L'étiquetage des livres est follement hétérogène.**

Tous les livres pourraient se ranger selon deux compartiments : FICTION ou NON-FICTION. Chacun détermine d'ailleurs des stratégies d'écriture et d'édition bien différentes.

FICTION

La fiction a pour modèle canonique le ROMAN. C'est (avec la BANDE DESSINÉE) une structure commercialement dominante : *a)* un récit en prose ; *b)* fictif, imaginaire, « mensonger » ; *c)* d'une certaine ampleur, entre 120 et 600 pages. Au-delà, on parle de roman-fleuve ou de SAGA, que l'on fractionne en tomes. En deçà, on parle de NOUVELLE ou de CONTE — bien que ce dernier terme, aujourd'hui synonyme de récit merveilleux, soit présenté par Littré comme le plus fondamental.

La distinction entre le roman LITTÉRAIRE et le roman populaire (PARALITTÉRAIRE) n'a plus guère de fondement linguistique. Le critère pertinent est la présence ou l'absence du livre en grande distribution (hypermarchés, gares…).

Le vecteur d'expression ouvre de nouveaux espaces fictionnels, sans présumer d'un genre proprement dit : ce sont la BANDE DESSINÉE, le THÉÂTRE, le SCÉNARIO, la NOVÉLISATION, chacun étant obtenu par « mixage » avec un registre de création distinct (graphique, audiovisuel, etc.).

Les genres purs décrivent des sphères ou univers narratifs. Certains très codifiés (SCIENCE-FICTION, FANTASY, THRILLER, POÉSIE CLASSIQUE), d'autres insoumis aux codes traditionnels du récit, sinon au récit lui-même, tels la POÉSIE CONTEMPORAINE ou le ROMAN EXPÉRIMENTAL.

LITTÉRATURE, enfin, est une étiquette générique formée par la Bibliographie nationale pour regrouper : HISTOIRE ET CRITIQUE LITTÉRAIRES, POÉSIE, THÉÂTRE, ROMANS ET FICTION ROMANESQUE, ESSAIS ET ÉCRITS DIVERS, LITTÉRATURE POUR LA JEUNESSE. Ces projections hétérogènes simplifient les statistiques mais demeurent peu fonctionnelles. Ainsi, la classe « jeunesse » (définie par destination), n'est pas équilibrée par une classe « adulte » tout aussi nécessaire.

NON-FICTION

Les genres non-fictifs (ESSAIS, BIOGRAPHIES, GUIDES...) se donnent une fonction didactique, pratique, informationnelle, thérapeutique, etc. Pour les éditeurs, la non-fiction constitue souvent une valeur sûre, mais c'est un marché exposé à une concurrence bagarreuse, en particulier dans les domaines du livre pratique et du parascolaire.

Les sous-genres de la non-fiction recoupent les disciplines usuelles du classement CDU des bibliothécaires : INFO/DOCUMENTATION ; PHILO/PSYCHOLOGIE ; RELIGION/THÉOLOGIE ; SCIENCE ÉCONOMIQUES, JURIDIQUES ET SOCIALES ; LINGUISTIQUE ; SCIENCES ET TECHNIQUES ; ARTS/JEUX/SPORTS ; HISTOIRE/GÉO.

« FACTURE » D'UN OUVRAGE

Du point de vue de l'éditeur ou de l'imprimeur, les options techniques déterminent trois grands types d'ouvrages : la PLAQUETTE (avec moins de 96 pages format A5 ou voisin), le VOLUME (de 96 à 640 pages, idem) et l'ALBUM (environ 64 pages A4 sous couverture cartonnée).

Selon la qualité de finition et brochage#142, on distingue, parmi les volumes, le LIVRE COURANT du LIVRE DE POCHE, une place à part étant réservée aux BEAUX-LIVRES qui, sans répondre à un format canonique, se repèrent immédiatement par le luxe technique et graphique de leur confection.

À quoi ressemblerait l'organigramme d'une maison d'édition ?

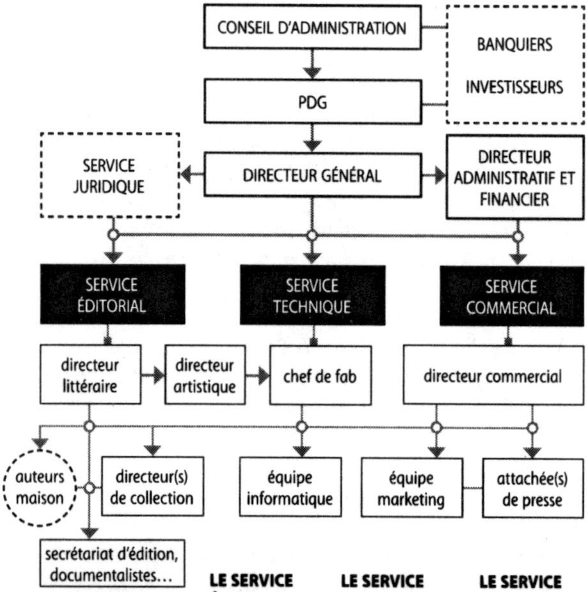

LE SERVICE ÉDITORIAL

Mission : imprimer la politique éditoriale de la maison

Activité : recherche et sélection des textes ; établissement des contrats, achats et gestion de droits ; secrétariat d'édition, documentation…

LE SERVICE TECHNIQUE

Mission : concevoir et (faire) fabriquer les livres

Activité : maquette des ouvrages (graphistes, typos…) après étude technique ; calibrage de la copie ; planning de fabrication (devis imprimeur, contrôle qualité).

LE SERVICE COMMERCIAL

Mission : vendre !

Activité : étude de marchés, stratégie ; promotion et médiatisation (représentants, service de presse, salons, relations clientèle…) ; (faire) diffuser et distribuer les livres.

B

le droit d'auteur

Le droit d'auteur fixe les pouvoirs, privilèges, qualités et obligations qui découlent de la création d'une œuvre de l'esprit, tant pour l'auteur lui-même que pour ses parties liées. Il importe d'abord de cerner en quoi consiste l'objet du droit et dans quelles limites il agit. Cette section répond aux questions courantes portant sur la protection des œuvres, les délits d'édition et de presse, tout en examinant quelques cas d'école.

DROITS MORAUX ET PATRIMONIAUX
COPYRIGHT
ORIGINALITÉ
DROITS VOISINS
ÉTENDUE DE LA PROTECTION
EXCEPTIONS
INFRACTIONS
COAUTEURS

En quoi consiste le droit moral ?

L'auteur n'est jamais totalement privé de pouvoir sur son œuvre. Tel est le principe du « droit moral », un ovni juridique pour les Anglo-saxons.

Il y a du donquichottisme dans le droit moral. À travers lui, le droit d'auteur français combat la réduction de l'œuvre à sa stricte dimension pécuniaire (droit patrimonial#8).

Le législateur français, via l'article L. 121-1 du CPI, pose le droit moral comme *« perpétuel, inaliénable et imprescriptible »*. C'est un droit *« attaché à la personne »* de l'auteur. Après sa mort, il est transmis à ses héritiers, qui l'exercent en son nom sans pouvoir davantage l'aliéner.

Perpétuel ? C'est-à-dire qu'il ne s'éteint pas. En particulier, le droit moral ne connaît pas le domaine public#35. *Inaliénable ?* En clair, aucune clause ne peut contraindre l'auteur à y renoncer au profit d'un exploitant ou d'un créancier; on dit aussi qu'il est incessible et insaisissable. *Imprescriptible ?* Entendez immuable : il ne peut être frappé de prescription par le droit. Ces postulats connaissent bien sûr quelques dérogations éparses.

EN PRATIQUE, QUELS SONT VOS DROITS MORAUX ?

Droit de paternité
L'auteur, même salarié ou *nègre*, a le droit d'imposer le respect et la mention de ses nom et qualité. Le choix de l'anonymat ou du pseudonymat#13 lui appartient. ...

Droit au respect de l'œuvre
L'œuvre ne peut être altérée, ni dans sa forme ni dans son esprit, sans l'autorisation de l'auteur. Peuvent constituer des atteintes à l'intégrité de l'œuvre : amputation, recadrage d'une photo, colorisation d'un dessin, addition d'une préface, incrustation d'un logo, publication d'extraits déformant la pensée de l'auteur…

Droit de divulgation
L'auteur reste maître de la décision de porter son œuvre à la connaissance du public. Il importe de saisir que ce droit ne concerne pas les conditions de divulgation (prérogatives souvent cédées à l'éditeur), mais la faculté même de divulguer l'œuvre. Et, comme certains historiens ont pu en faire les frais en publiant des archives privées, le dépôt administratif d'une œuvre ne vaut pas autorisation de la divulguer.

Droit de repentir et retrait
Pris de remords, l'auteur peut décider de retirer son œuvre après divulgation, pourvu qu'il dédommage l'éditeur en conséquence. Notez que l'exercice du droit de repentir et de retrait peut être contrôlé et jugé abusif par les tribunaux, par exemple si les « remords » de l'auteur se fondent sur des considérations pécuniaires.

Exception notoire : un auteur de logiciel#26 ne peut exercer son droit de repentir ou de retrait (art. L.121-7 du CPI).

Quel est le contenu du droit patrimonial ?

Équivalent du droit d'exploitation et souvent assimilé au copyright, le droit patrimonial délimite ce que l'auteur peut céder, monnayer, par exemple à travers un contrat.

Le monopole du droit d'auteur instauré par l'article L. 111-1 du CPI se scinde en droit moral#7 et droit patrimonial. Le droit patrimonial présente deux traits décisifs :

— il est cessible, donc susceptible d'être transféré à un tiers en vue de son exploitation ;

— il est « périssable » (sa durée n'est pas illimitée, bien que largement supérieure à la durée de vie de l'auteur).

L'article L. 123-1 du CPI (ajusté sous l'effet de la loi 97-283 du 27 mars 1997, art. 5) dispose en effet que :

« L'auteur jouit, sa vie durant, du droit exclusif d'exploiter son œuvre sous quelque forme que ce soit et d'en tirer un profit pécuniaire. Au décès de l'auteur, ce droit persiste au bénéfice de ses ayants droit pendant l'année civile en cours et les soixante-dix années qui suivent. »

À l'extinction du droit patrimonial, on dit que l'œuvre « tombe dans le domaine public », ce qui signifie que son exploitation n'est plus sous monopole exclusif. Rappelons néanmoins que le droit moral perdure, ainsi que certains principes de non-concurrence qui font que la publication d'une œuvre du domaine public n'est pas licite dans n'importe quelles conditions.#35

Reproduction ou représentation ?

Rares sont les auteurs qui connaissent précisément leurs droits patrimoniaux. Confusément, ils se représentent l'œuvre comme un monolithe à refourguer d'une pièce à l'éditeur providentiel.

Le CPI n'est pas très prolixe sur la question concrète du droit d'exploitation (ou patrimonial#9). Selon l'article L.122-1, il «*comprend le droit de représentation et le droit de reproduction*», l'un couvrant la «*communication de l'œuvre au public par un procédé quelconque*» (tel que récitation, projection publique, interprétation théâtrale et télédiffusion), l'autre concernant «*la fixation matérielle de l'œuvre par tous procédés qui permettent de la communiquer au public d'une manière indirecte*» (imprimerie, moulage, enregistrement magnétique, optique, etc.).

LA DICHOTOMIE REPRÉSENTATION / REPRODUCTION

Le législateur précise, aux termes de l'article L.122-7 du CPI : «*La cession du droit de représentation n'emporte pas celle du droit de reproduction. La cession du droit de reproduction n'emporte pas celle du droit de représentation. Lorsqu'un contrat comporte cession totale de l'un des deux droits visés au présent article, la portée en est limitée aux modes d'exploitation prévus au contrat.*»

Il semble toutefois, en particulier avec l'avènement des formes d'exploitation numérique, que la simple dichotomie représentation/reproduction ne suffise pas à embrasser les droits patrimoniaux dans toute leur granularité.

« SDF » : SUPPORT / DESTINATION / FORME

Pour vous ouvrir les yeux sur la multiplicité de ces droits, posez-vous la question suivante : *que peut-on faire à partir de ma création ?* Chaque réponse correspondrait *grosso modo* à un droit distinct.

On peut reproduire l'œuvre sur du papier imprimé pour en faire un livre, certes, on peut aussi la lire à haute voix dans un théâtre, la traduire en dix-huit langues, en citer des passages à la radio, en faire un film qui sera lui-même exporté ou peut-être un jour diffusé à la télé, faire des t-shirts à l'effigie de votre héros, adapter l'histoire en bande dessinée, réaliser un CD-Rom interactif basé sur votre univers, autoriser des bibliothèques à prêter le livre, mettre l'ouvrage en libre lecture dans un centre culturel, le propager via un réseau numérique planétaire…

Une règle mnémotechnique permettant de discriminer aisément vos droits patrimoniaux consiste à les localiser sur les trois axes « SDF » : *Support / Destination / Forme.*

Chaque changement :

— de support (livre, affiche, bande magnétique, disque, réseau…) ;

— de destination (public local, national, international, téléspectateurs, universitaires, bibliophiles, internautes…) ;

— de forme d'expression (langage écrit/oral, langue étrangère, adaptation graphique, audiovisuelle…)

induit en principe un droit patrimonial spécifique. Dit autrement, tout droit patrimonial est au croisement de ces trois paramètres.

On aura soin de s'en souvenir lors de la négociation d'un contrat de cession, soumis à un impératif absolu : la délimitation explicite de chaque droit cédé.**#43**

À quoi sert le symbole © du copyright ?

Bien que notre législation s'oppose au régime du *tout copyright,* le fameux symbole reste d'un emploi usuel.

Le copyright est la traduction anglo-saxonne du droit d'exploitation#8. D'un point de vue strictement juridique, cette estampille symbolique © au bas d'une publication n'a aucune valeur. Ce n'est qu'un usage permettant d'identifier l'ayant droit d'une œuvre publiée (c'est-à-dire le titulaire du monopole d'exploitation) tout en rappelant que l'œuvre est protégée par le droit d'auteur.

Maître Emmanuel Pierrat observe que l'apposition de ce symbole induit au mieux une présomption au bénéfice du titulaire mentionné. Mais, compte tenu de son impact informatif et éventuellement dissuasif, on recommande de maintenir cette tradition.

EN PRATIQUE

La mention est généralement portée en bas de page au début d'un livre et respecte une syntaxe internationale qui garantit son interprétation dans les pays de l'Unesco :

© Nom de l'ayant droit, Année de parution

À noter qu'un auteur autoédité#101 ou édité à compte d'auteur#105 déclinera le copyright à son nom (et non à l'enseigne du prestataire sollicité).

Le symbole © possède le code 169 dans le jeu Ansi et Latin-9. On l'obtient donc sur un PC par les touches ALT+0169

Qu'est-ce que l'originalité ?

Le droit perçoit l'originalité de façon ...atypique.

Comme nous l'avons mentionné plus haut#2, l'originalité conditionne la protection du titre d'une œuvre par le droit d'auteur (CPI, art. L. 112-4). Les juges ont considéré qu'*a fortiori,* elle conditionne aussi la protection de l'œuvre elle-même. Une œuvre n'est protégeable « qu'à la condition de présenter un caractère original », martèle la jurisprudence [Cass. crim., 1998].

On pourrait s'attendre à ce que cette notion d'originalité, souverainement appréciée par les juges du fond, présente un rapport avec le mérite ou la nouveauté. Mais en droit, ces éléments sont surabondants : l'article L. 112-1 du CPI nous rappelle que les œuvres sont protégées quel qu'en soit le mérite, cependant que la nouveauté (l'absence d'antériorité) n'est traditionnellement requise qu'en propriété industrielle#40 (brevets, notamment).

Alors, les jugements ont imposé avec un psittacisme constant une définition « sur mesure » de l'originalité, comme *empreinte, marque, reflet de la personnalité de l'auteur,* parfois teintée de « talent créateur » [Paris, 1973] ou d'« apport intellectuel inédit » [Versailles, 1996]. C'est dire combien les facteurs de mérite et de nouveauté restent influents.

Cette dérive sémantique est très visible dans le secteur des arts graphiques (dessin, photographie...), où *originalité* s'affiche volontiers en antonyme de *banalité.*

Ça veut dire quoi : « protéger une œuvre » ?

Anxieux, vous avez décidé de « protéger votre manuscrit ». Mais que recouvre cette expression ?

Si elle instaure une protection inconditionnelle des œuvres de l'esprit#2 (sous réserve d'originalité#11), la loi ne dit pas sous quelles conditions une œuvre est « réputée » créée.

UNE PROTECTION DE PRINCIPE

En droit anglo-saxon, l'œuvre est réputée créée pourvu qu'elle soit « exprimée sous une forme tangible ». En posant le droit d'auteur européen comme un bien incorporel, le législateur a fait un grand pas vers l'abstraction philosophique mais il a escamoté un problème crucial : l'administration de la preuve.

En quoi une œuvre est-elle « réputée » créée, à partir du moment où cette réputation (du latin *reputatio* : « évaluation ») ne repose sur aucun certificat, aucune procédure de divulgation ?

Paradoxe ! L'œuvre est protégée « de principe » mais elle ne l'est pas « de fait ». L'auteur ou son ayant droit devra donc démontrer lui-même qu'il n'usurpe pas sa « réputation » de propriétaire intellectuel. Dans toutes les situations où il aura à faire valoir ses droits, il devra établir qu'il est bien l'auteur de l'œuvre en question. On dit qu'on protège une œuvre lorsqu'on préétablit cette preuve de titularité.

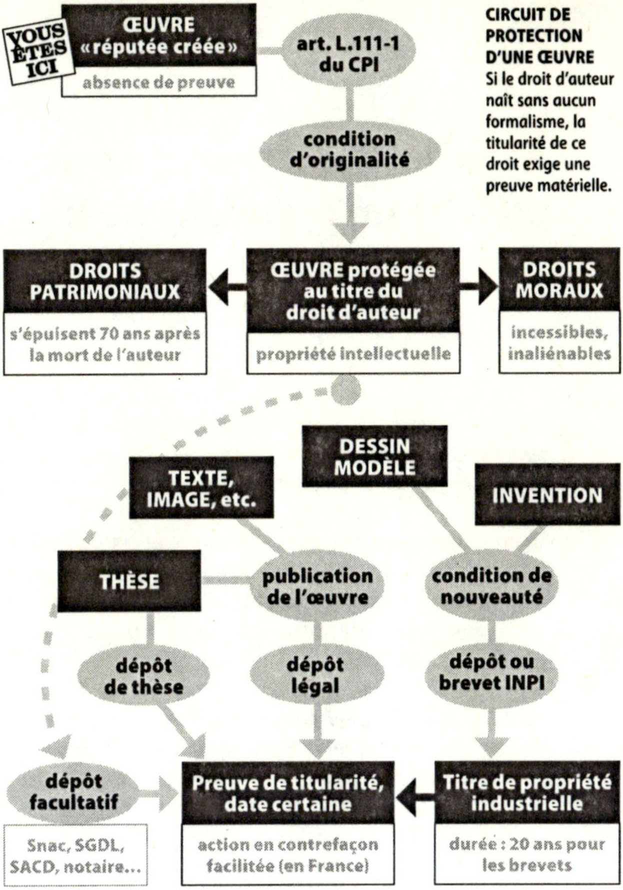

CIRCUIT DE PROTECTION D'UNE ŒUVRE
Si le droit d'auteur naît sans aucun formalisme, la titularité de ce droit exige une preuve matérielle.

PROUVER LA TITULARITÉ

La preuve de titularité comporte trois volets :
1) identification de l'œuvre créée (*quoi*);
2) datation certaine de cette création (*quand*);
3) relation de paternité entre l'auteur et l'œuvre (*qui*).

À défaut de publication (dépôt légal**#63**), l'auteur procède souvent à un dépôt**#89** de son œuvre auprès d'un organisme ou d'un notaire. Coûteuse, cette opération ne présente d'intérêt que pour conjurer la contrefaçon**#30**.

À quelles conditions puis-je prendre un pseudonyme ?

Les auteurs, artistes-interprètes, aiment à jouer à cache-cache derrière un nom d'emprunt. Quelles sont les règles du double jeu ?

En principe, l'usage d'un pseudonyme ne nécessite aucune formalité, sinon la publication d'une œuvre sous ce nom de plume, qui en confère alors la titularité au plein sens du terme. Le contrat d'édition sera la preuve la plus économique de cette titularité !

Dans le showbiz (très consommateur de pseudos), la Sacem#25 a prévu un service payant couvrant la « demande de disponibilité » et « l'inscription » d'un pseudonyme dans ses registres. Cette forme de dépôt coûte environ 60 €.

Pour 150 €, un acte notarié devant deux témoins peut tout aussi bien officialiser la propriété d'un pseudonyme, mais c'est une dépense très disproportionnée.

UN DROIT DE LA PERSONNALITÉ

Le pseudonyme n'est pas assimilé *a priori* à une « marque » déposable, à moins qu'il devienne ensuite la dénomination d'un produit, comme le prévoit l'article L. 711-1 du CPI en matière de propriété industrielle#40.

En fait, le pseudonymat s'analyse comme un droit de la personnalité. « Une fois établi, note Emmanuel Pierrat[1], le pseudonyme confère à celui qui le porte

(1) *Le Droit de l'édition appliqué*, t. 2, E. Pierrat, Cercle de la librairie, 2002

un droit presque comparable à celui que tout un chacun possède sur son patronyme de naissance.»

Le CPI précise (art. L. 113-6) que «*les auteurs des œuvres pseudonymes et anonymes jouissent sur celles-ci des droits reconnus par l'article L. 111-1* [qui instaure le droit de propriété intellectuelle]. *Ils sont représentés dans l'exercice de ces droits par l'éditeur ou le publicateur originaire, tant qu'ils n'ont pas fait connaître leur identité civile et justifié de leur qualité…*»

Ainsi entendu, le droit au pseudonyme s'inscrit dans le droit de paternité#7, attribut moral de l'auteur. Devenant une sorte de mandataire, l'éditeur est alors tenu de respecter la dissimulation voulue par l'auteur et pourrait être poursuivi pour violation du droit moral s'il révélait son identité contre son gré.

L'ABUS DE PSEUDONYME

Aussi libre soit-elle, l'utilisation d'un pseudonyme peut devenir abusive lorsqu'elle porte atteinte au droit d'un tiers, en particulier sous la forme du parasitisme ou de la concurrence déloyale.

À de très rares exceptions près, vous ne pouvez adopter comme pseudonyme un nom (ou pseudonyme!) déjà revêtu par un autre écrivain, ce qui implique parfois des recherches fastidieuses dans les bases bibliographiques.

Une jurisprudence surprenante a d'ailleurs condamné un auteur, signant pourtant sous son propre patronyme, au motif qu'il «parasitait» un confrère, de renommée établie, utilisant ce même nom de plume comme pseudonyme!

À partir de quel âge a-t-on le droit d'être publié ?

Un certain jeunisme souffle sur la littérature contemporaine, longtemps gardée par des barbons tout-puissants. Le droit impose-t-il des limites ?

En matière d'édition, la valeur attend de moins en moins le nombre des années ! Cela tombe bien, car aucun âge minimum n'est défini par la législation du droit d'auteur et, à notre connaissance, aucune contrainte de fond n'est imposée aux éditeurs à ce sujet, du moins sur un plan purement contractuel.

Néanmoins, le *Code civil* dicte des règles génériques quant à l'établissement même d'un contrat intéressant un mineur. Ainsi faut-il savoir que le mineur est incapable de conclure par lui-même le contrat, mais que parallèlement l'article L.132-7 du CPI impose le consentement de l'auteur légalement incapable — à moins que celui-ci soit *« dans l'impossibilité physique »* de donner ledit consentement.

Remarquons par ailleurs que dans les parutions périodiques, fanzines, webzines..., la publication de très jeunes auteurs est monnaie courante sans causer de problèmes. Cela tient essentiellement au fait que les contributions n'y sont pas rémunérées[#113]. Dès lors qu'une rétribution interviendrait, les parents (ou tuteurs) d'auteurs mineurs seraient obligatoirement avisés et consultés.

Que sont les « droits voisins » ?

Longtemps ignorés, les droits de ceux qui servent la création sans être eux-mêmes auteurs ont finalement, mais discrètement, intégré le CPI.

Instaurés par la loi Lang de 1985, les droits voisins sont dévolus à trois catégories de personnes : les artistes-interprètes, les producteurs de phonogrammes et de vidéogrammes, les entreprises de communication audiovisuelle. Tandis que le livre 1er du CPI#1 traitait de *création*, on parle ici de *prestation*.

Les titulaires de droits voisins ont la faculté d'autoriser contre rémunération, ou d'interdire (dans une certaine mesure), l'exploitation de leur prestation. Ils jouissent donc de droits patrimoniaux#8 et moraux#7, mais leur formalisation est assez fruste en face du droit d'auteur. L'article L.211-1 du CPI s'empresse d'ailleurs de préciser que : « *Les droits voisins ne portent pas atteinte aux droits des auteurs. En conséquence, aucune disposition du présent titre ne doit être interprétée de manière à limiter l'exercice du droit d'auteur par ses titulaires.* »

Exception de citation#19, droit de paternité, obligation de contrat écrit…, certains parallélismes se font jour entre droit d'auteur et droits voisins. Ils s'affirment tout spécialement chez l'artiste-interprète, « *personne qui représente, chante, récite, déclame, joue ou exécute de toute autre manière une œuvre littéraire ou artistique, un numéro de variétés, de cirque ou de marionnettes* » (CPI, art. L.212-1).

Le traducteur est-il un auteur ?

Il serait tentant de confiner le traducteur au rôle d'interprète. Le droit lui confère un monopole beaucoup plus étendu, du moins en théorie.

« Les auteurs de traductions, d'adaptations, transformations ou arrangements des œuvres de l'esprit jouissent de la protection instituée par le présent code sans préjudice des droits de l'auteur de l'œuvre originale [...] », stipule l'article L. 112-3 du CPI.

Cette disposition reconnaît sans ambiguïté le statut d'auteur au traducteur, tout en le positionnant dans le sillage de l'œuvre première dont il tire une nouvelle matière intellectuelle. Comme dans le cas de l'adaptation ou de la base de données (fraîchement greffée à l'article L. 112-3 du CPI), le législateur considère que les choix de fond et de forme opérés par le traducteur relèvent de la création nouvelle.

De là découle un droit du traducteur théoriquement aussi large que celui de l'auteur, à ceci près que le « droit de traduction », patrimonial[#9], est sous le monopole de l'auteur d'origine : celui-ci peut donc s'opposer à son exercice.

Au demeurant, il serait naïf d'affirmer que les traducteurs sont aussi bien traités que les *purs* auteurs. Et ce n'est pas innocemment que l'article L. 132-6 du CPI autorise, par dérogation au principe général, la rémunération forfaitaire[#58] des traductions.

Où s'arrête la copie privée ?

La pratique juridique dissocie clairement la sphère privée de la sphère publique, mais un flou grandissant s'est installé quant à « l'exception de copie privée ».

Désormais arbitré par le Conseil supérieur de la propriété littéraire et artistique, un interminable bras de fer s'est engagé entre les associations de défense des libertés individuelles et les professionnels de l'édition et de la production. Au centre de leur querelle, l'*exception*[1] de copie privée disposée par l'article L.122-5, alinéa 2, du CPI :

(1) D'aucuns parlent ici d'un *droit* de copie privée, mais cette terminologie est largement contestée.

« Lorsque l'œuvre a été divulguée, l'auteur ne peut interdire […] les copies ou reproductions strictement réservées à l'usage privé du copiste et non destinées à une utilisation collective, à l'exception des copies des œuvres d'art destinées à être utilisées pour des fins identiques à celles pour lesquelles l'œuvre originale a été créée et des copies d'un logiciel autres que la copie de sauvegarde établie dans les conditions prévues au II de l'article L.122-6-1 ainsi que des copies ou reproduction d'une base de données électronique [L. 98-536 du 1er juillet 1998, art. 2]. »

PROTECTIONNISME AUTOUR DU NUMÉRIQUE

On notera tout d'abord que l'œuvre logicielle bénéficie d'un régime draconien qui tend à faire de tout utilisateur de logiciel un hors-la-loi sitôt qu'il effectuerait *deux* copies …

de son produit, par exemple l'une sur un CD et l'autre sur un disque dur. Considérant que certains dispositifs informatiques procèdent automatiquement à des sauvegardes multi-supports, la limitation paraît peu pragmatique.

Depuis 2001, les œuvres musicales ou audiovisuelles fixées sur supports numériques (CD, CD-Rom, DVD...) font l'objet de directives et de commissions laborieuses visant à estimer et contrer le préjudice causé par la copie numérique. Longtemps aux prises avec les dispositifs anti-copie, la commission dite « Brun-Buisson » s'est enfin chargée de la « rémunération au titre de la copie privée » prévue par l'article L. 311-1 du CPI (amendé par la loi L. 2001-624 du 17 juillet 2001, art. 15). Elle a donc instauré, très logiquement, des taxes sur les supports vierges et sur certains disques durs intégrés.

POURQUOI ASPHYXIER LA SPHÈRE PRIVÉE ?

Cette effervescence autour du support numérique tend hélas à masquer la question initiale : sur quel fondement la copie privée peut-elle être remise en cause ? Les associations de défense du consommateur dénoncent l'ingérence de l'économie culturelle dans les libertés individuelles.

S'il est pragmatique de soutenir les ayants droit face à de nouveaux modes de consommation qui leur créent un préjudice *indirect* — la reprographie et la copie numérique n'ont-elles pas finalement reçu une solution équivalente ? —, il semble peu fécond de combattre l'usage privé que chacun a ou aura des technologies à sa disposition.

La limite formelle de la copie privée est l'usage collectif, dont la mise à disposition du *public* : concept parfaitement saisi par le droit. Contrairement au « cercle de famille », un public est une collectivité sociale non circonscrite *a priori*. La jurisprudence a tranché, par exemple, qu'une réunion d'électeurs dans un village, un groupe d'actionnaires ou les clients d'un hôtel ne constituent pas des cercles privés. De même, il va de soi qu'un site Web sans restriction d'accès est pleinement une *publication*.

Peut-on publier librement une anthologie ?

Ensemble ou « recueil » de passages extraits d'une ou plusieurs œuvres préexistantes, l'anthologie est un cas exemplaire d'œuvre composite.

Bibliophiles éclairés, les goûteurs de littérature, de poésie, d'aphorismes, souhaiteraient partager leurs trouvailles par amour de l'art ou de la pédagogie. Mais, compte tenu du volume de textes cités — et quel que soit l'appareil documentaire qu'elle apporte par ailleurs — l'anthologie ne peut bénéficier du simple « droit de citation »[#19].

Par les choix et la disposition qu'elle opère, l'anthologie consiste en une *« œuvre nouvelle à laquelle est incorporée une œuvre préexistante sans la collaboration de l'auteur de cette dernière »*, ce qui est la définition, aux termes de l'article L. 113-2 du CPI (alinéa 2), de *l'œuvre composite.*

Le législateur précise que *« l'œuvre composite est la propriété de l'auteur qui l'a réalisée, sous réserve des droits de l'auteur de l'œuvre préexistante »* (CPI, art. L. 113-4). Ce *« sous réserve »* signifie que l'anthologiste (plus souvent son éditeur) doit obtenir l'autorisation des ayants droit des œuvres premières et, sauf dérogation, leur reverser une part sur l'exploitation du recueil. Cependant, les auteurs originaires ne sont pas assimilés à des coauteurs[#36] de l'œuvre nouvelle dans la mesure où ils n'y ont pas contribué activement. Ainsi, l'œuvre composite bénéficie d'une certaine autonomie morale et patrimoniale, pourvu que les licences et redevances soient correctement administrées en amont.

Quelles contraintes pèsent sur les citations ?

Pilier de l'intertextualité littéraire et scientifique, la citation n'est pas libérée de toute obligation légale.

Le CPI institue une dérogation salutaire au droit de reproduction exclusif dont jouit l'auteur. Ce dernier «*ne peut interdire [...], sous réserve que soient indiqués clairement le nom de l'auteur et la source : les analyses et courtes citations justifiées par le caractère critique, polémique, pédagogique, scientifique ou d'information de l'œuvre à laquelle elles sont incorporées [...]*» (art. L.122-5, 3°).

La jurisprudence a précisé les conditions d'application de ce *droit de citation* ou *d'emprunt* :

1) L'œuvre citée est nécessairement textuelle : la «citation graphique» (photographique, plastique, etc.) semble irrecevable, quoique la notion de «bref extrait prélevé à titre gratuit» se soit imposée dans l'audiovisuel au nom du droit à l'information du public (ce sous l'effet de la loi 92-652 du 13 juillet 1992).

2) La brièveté de la citation s'apprécie selon le ratio œuvre citante / œuvre citée : les passages reproduits ne doivent pas être étendus au point de tenir lieu de l'ouvrage cité ou d'en détourner le lecteur.

3) La citation doit être *justifiée*, c'est-à-dire incorporée à un développement ou une argumentation formant une œuvre distincte.

4) L'indication de l'origine (source et auteur) est impérative : la composition du texte entre guillemets ou en italique ne dédouane jamais de cette formalité.

LES LIMITES DE LA CITATION : CAS D'ÉCOLE ET JURISPRUDENCES

BRIÈVETÉ

La reproduction intégrale d'une œuvre, fût-ce une courte chanson telle que *La Danse des canards* ne s'analyse jamais en une « courte citation » — même s'il s'agit de « démontrer l'inanité des paroles » [Paris, 1996].

TRADUCTION

Si vous citez une traduction, vous devez indiquer le nom de l'auteur traduit ainsi que celui du traducteur, en respect du droit de paternité.

AUTOCONTREFAÇON

Un auteur peut être son propre plagiaire ! En effet, si vous avez cédé vos droits de reproduction à un éditeur, vous n'êtes pas libre de reproduire par ailleurs les passages de l'ouvrage au-delà des limites de l'article L. 122-5.

PROPORTIONS

Le Tribunal de grande instance de Paris [1992] a jugé que les citations d'une même œuvre ne peuvent occuper un quart de l'œuvre citante. De telles proportions confinent à l'anthologie ou au recueil.

FINALITÉ

Une citation, même courte, n'est pas *de facto* licite : les prétoires reconnaissent seulement les emprunts « qui servent à éclairer ou étayer une discussion, un développement ou une argumentation formant la matière principale de l'ouvrage lui-même » [Paris, 1988].

Profs, chercheurs, journalistes, perdez-vous la main sur vos articles ?

Par nature, les textes courts (articles, chroniques...) se prêtent à des publications dispersées. L'auteur peut-il rassembler et republier ces œuvres éparses ?

Un enseignant est-il fondé à faire éditer un cours dans lequel figureraient certains de ses articles déjà édités ? Le chroniqueur de presse, qu'il soit pigiste#115 volant ou journaliste salarié, se pose parfois la même question.

L'article L. 121-8 du CPI y apporte une réponse globale : « *L'auteur seul a le droit de réunir ses articles et ses discours en recueil et de les publier ou d'en autoriser la publication sous cette forme. Pour toutes les œuvres publiées ainsi dans un journal ou recueil périodique, l'auteur conserve, sauf stipulation contraire, le droit de les faire reproduire et de les exploiter, sous quelque forme que ce soit, pourvu que cette reproduction ou cette exploitation ne soit pas de nature à faire concurrence à ce journal ou à ce recueil périodique.* »

Ce « droit au recueil » est peu litigieux, car le régime des publications périodiques#113 comporte rarement une cession des droits au profit de l'entreprise de presse. Il est souvent admis que le journaliste (photographe inclus) concède à son employeur une autorisation ponctuelle sans incidence sur son privilège exclusif d'exploiter son œuvre, notamment sous la forme prévue par l'article L. 121-8. En revanche, une « stipulation contraire » peut le déposséder de ce monopole : dans certains grands groupes, les journalistes salariés ont pu en faire l'expérience douloureuse.

Quelles sont les frontières de la parodie, du pastiche et de la caricature ?

Parodie, pastiche ou caricature d'une œuvre sont autorisés par l'article L.122-5 du CPI, qui précise cependant : «*compte tenu des lois du genre*». Plaît-il ?

Pour le plus grand bien de notre patrimoine culturel et zygomatique, un auteur (ou ses ayants droit) ne peut interdire la parodie, le pastiche ou la caricature de son œuvre. Ces genres consacrés, reposant sur l'imitation littéraire ou graphique, profitent encore d'une relative privauté, malgré le virage répressif qui imprègne aujourd'hui la société de l'information, emportée vers une judiciarisation galopante.

Les parodistes, pasticheurs et autres satiristes ont donc intérêt à maîtriser l'exercice, tant dans sa forme que dans son contenu.

DÉFINITIONS ET NUANCES

La jurisprudence a tenté des distinguos savants entre les genres de l'imitation, mais leur approche demeure intuitive.

Le pastiche est l'exercice le plus «neutre» en ce sens qu'il ne présuppose pas (mais n'exclut pas non plus) l'intention comique. Son étymon, «pâte», induit un certain pétrissage de la substance ou du style dont on recherche l'imitation ou l'évocation. Très pratiqué dans les ateliers d'écriture#93, le pastiche travaille sur la forme («à la manière de») ...

sans copier le fond. En ce sens, il vise l'auteur plutôt que l'œuvre.

La parodie pourrait s'entendre d'un pastiche à caractère « burlesque » (terme employé par le *Robert*), bien qu'elle consiste surtout à travestir gentiment le *contenu* d'une œuvre sérieuse. Elle repose donc sur un changement de registre, tel que l'œuvre parodiée reste bien identifiable. La parodie, qui prend ses racines dans le domaine du chant (*odê*), est un genre spécifiquement reconnu par la Sacem — laquelle prévoit dans ce contexte une « répartition des droits »[1] entre la reprise et l'original.

(1) Selon le site *saceml.deepsound.net* :

DROIT D'EXÉCUTION PUBLIQUE	
Auteur de la parodie :	2/12
Ayants droit de l'œuvre originale :	10/12
DROIT DE REPRODUCTION	
Auteur de la parodie :	12,50%
Ayants droit de l'œuvre originale :	87,50%

La caricature (du latin *caricare* : « charger ») consiste dans l'accentuation des traits de l'œuvre ou du personnage que l'on veut ridiculiser. C'est un genre ouvertement satirique dont l'insolence, voire la violence, sont tolérées. La caricature utilise en général un support graphique.

LES LOIS DU GENRE

La fameuse réserve formulée par le CPI (« *compte tenu des lois du genre* ») donne matière à des procès sur le fil du rasoir, où l'intention critique est légitime tout en excluant celle de *nuire* à l'auteur ou à l'œuvre d'origine !

Une contrainte majeure se dégage : le pastiche (imitation de style), la parodie (visée humoristique), la caricature (outrance du trait) doivent se repérer sans équivoque. Le lecteur doit « pouvoir identifier la parodie en tant que telle et donc être en mesure de la distinguer instantanément de l'œuvre première », explique Emmanuel Pierrat dans *Livres hebdo* (23 janvier 1998). Les juges savent que les livres sont plus facilement survolés que lus ; ils examinent donc les effets de la perception immédiate.

Ainsi, concernant un roman parodique : « la démarche habituelle de l'acheteur d'un roman à grand succès, attiré par la publicité autour de cet ouvrage et moyennement attentif à son contenu» conduit le tribunal à évaluer les différences de forme... et à interdire *Le Monde d'Anne-Sophie* (éd. Michel Lafon), parodie du *Monde de Sophie* (Seuil), considérant que le lecteur n'est pas «suffisamment détrompé par la mention d'un autre éditeur que le Seuil ni par la mention "les Jalons", dont la célébrité n'est pas telle qu'il l'associe immédiatement aux pastiches qu'elle a réalisés dans le passé (2)».

(2) Jugement du litige opposant le Seuil-Gaarder-J. Fischer (graphiste) à Michel Lafon-Jalons [1997].

DÉMARQUAGE, DÉCALAGE ET DÉVIANCE

En fait, le démarquage imposé aux genres imitatifs s'évalue selon la nature et le public présumé de l'œuvre première. En l'occurrence, pasticher une couverture ou une simple maquette (reconnues originales) sans marquer formellement ses distances ramène à une contrefaçon#30 pure et simple. La contrefaçon se concluant à l'appréciation des ressemblances et au mépris des différences, on observera que parodie-pastiche-caricature relèvent d'une logique inverse où, précisément, seules les différences significatives confèrent un début de légitimité.

Mais la jurisprudence retient que ce décalage, s'il est nécessaire sur un plan disons signalétique, n'est pas suffisant pour que le copieur-pasticheur bénéficie des «lois du genre». Le TGI de Paris n'a pas jugé que l'utilisation du personnage de Calimero sur un site sadomasochiste méritait, sous prétexte de dépaysement, la dérogation instituée par l'article L.122-5.

Il a été jugé en 1978 qu'on ne pouvait tirer argument du caractère pornographique d'une parodie pour la combattre. Aujourd'hui, très à l'écoute des ligues de vertu, les tribunaux sanctionnent volontiers le «caractère dégradant» [Paris, 1997] lorsqu'il est théorisé comme une atteinte au droit moral#7.

Autant dire que les lois du pastiche, de la parodie et de la caricature restent d'une pénétration malaisée...

Les recettes de cuisine sont-elles protégées par le droit d'auteur ?

Le droit ne boude pas les arts de la table et de la bouche, qui font d'ailleurs très bon ménage avec la création littéraire.

Deux axes sont à considérer pour bien comprendre l'éventuelle protection des recettes de cuisine :

1) La préparation culinaire en elle-même, par le choix des arômes ou des ingrédients mis en présence, par sa présentation, peut relever du droit d'auteur puisque celui-ci naît indépendamment de la forme de l'œuvre[#2] et des sens auxquels elle s'adresse. Il est indispensable cependant que le cuisinier ait recherché l'originalité[#11] et non pas seulement la qualité gustative ou la valeur commerciale. Ainsi, dans le cadre de la parfumerie, la jurisprudence a contesté le statut d'œuvre de l'esprit aux parfums obtenus industriellement par combinaison d'arômes, ce qui n'enlève pas aux producteurs la possibilité d'obtenir et de faire valoir un brevet (propriété industrielle[#40]).

2) En tant que texte, la recette de cuisine constitue sans conteste une œuvre protégée sous réserve d'originalité[#11]. Observons que l'auteur du texte peut être distinct du créateur de la préparation, ce qui confère à la littérature culinaire et gastronomique un possible statut d'œuvre dérivée. La question de savoir si le texte d'une recette est original se débat souverainement devant les tribunaux. Depuis Rabelais, de nombreux écrivains ont donné à la «gastro-littérature» ses lettres de noblesse.

Peut-on protéger des idées, mots, personnages… ?

N'est protégeable que ce qui est possédable. Sur certains types de création, les juges ont tranché.

Selon la célèbre formule du législateur, les idées sont «de libre parcours», on ne peut donc se les approprier comme œuvres de l'esprit[#2]. De même, les mots appartiennent à tous, ils s'inscrivent dans un patrimoine culturel commun : «l'auteur d'un lexique de termes cajuns ne peut pas avoir de monopole sur les matériaux linguistiques ou culturels par lui recensés» [Paris, 1992]. C'est souvent la combinaison d'idées ou de mots qui donne forme et originalité à une œuvre. On le perçoit singulièrement en littérature historique, les auteurs examinant des faits par nature impossédables mais selon une analyse qui leur est personnelle.

MARQUES, LABELS ET TITRES

Cependant, une action en contrefaçon ou en concurrence déloyale peut se fonder sur la réutilisation abusive d'une marque ou d'un label original déposé à l'Institut national de la propriété industrielle (INPI[#40]). Un titre de journal peut aussi être déposé en tant que marque.

Rappelons que de son côté, le CPI dispose que *«le titre d'une œuvre de l'esprit, dès lors qu'il présente un caractère original, est protégé comme l'œuvre elle-même»* (art. L.112-4). Exemple commenté par le TGI de Paris en 1986 : le titre *Le Père Noël est une ordure*, original du fait de la «réunion d'expressions qui apparaissent antinomiques, la première …

évoquant la joie et la candeur de l'enfance, la seconde une certaine turpitude». Au reste, le mérite n'étant pas indispensable à l'originalité#11, certains titres faiblards sont pourtant protégés. Il en fut ainsi de *Paris pas cher.* Inversement, *Le beau Danube bleu* (1960) n'a pas été jugé original, ni *Tueurs de flics* (1982). La forte relativité de l'appréciation dépend naturellement des usages linguistiques au moment du litige : si l'amorce *Du rififi...* est reconnue originale en 1970, ce n'est plus le cas trente ans plus tard.

Il va de soi que des dénominations génériques telles que *Plan de Paris* ou *Bible de Jérusalem* sont exclus du champ de protection, mais il faut considérer que «l'absence d'originalité n'empêche pas que l'utilisation des mêmes termes pour désigner un ouvrage du même genre soit de nature à créer une confusion dans l'esprit du public» [Paris, 1980], ce qui s'assimilera à du parasitisme.

NOMS, PERSONNAGES ET BIBLES

Sous réserve d'originalité, les personnages de fiction#5, leur nom, leurs traits, bénéficient de la protection du droit d'auteur. C'est le cas de Chéri Bibi, Donald, Poil de carotte, Fantômas, Tarzan (et aussi Jane et Chita)... La substance même de ces créations est estimée originale de par la combinaison inédites de caractères psychologiques, physiologiques, ou de par leur environnement et aventures [Paris, 1992].

Pour renforcer ce principe, il a été jugé en 1997 que les personnages originaux sont «constitutifs d'une œuvre propre, indépendamment du récit lui-même». La bande dessinée, le dessin animé et le cinéma ont ainsi enfanté une vaste population d'intouchables, de la Panthère rose à Shrek en passant par Goldorak et E.T. : «l'extraterrestre personnage possédant une tête aplatie sensiblement en forme d'obus, des yeux écarquillés, un nez plissé avec des narines proéminentes» [Rennes, 1984].

La réutilisation de tels personnages en situation nouvelle exige l'autorisation des ayants droit. Cette protection s'étend naturellement au «profilage» de personnages récurrents opéré dans les *bibles* de séries et sitcoms.

Le nom d'un « nègre » doit-il apparaître sur la couverture ?

Le travail du nègre littéraire consiste à rédiger un récit, des mémoires, une biographie, à l'ombre de l'auteur déclaré ou de la vedette illettrée. L'auteur fantôme renonce-t-il pour autant à ses droits ?

Il est de notoriété publique que certains journalistes et autres tâcherons mettent leur plume au service de personnalités pour produire ou mettre en forme leur livre.

En vue de garantir la confidentialité de cette « collaboration », certains contrats prévoient même une clause par laquelle le nègre renonce à se découvrir. Bien qu'une telle disposition face fi du droit de paternité#7 inaliénable dont jouit l'auteur, elle est tolérée dans une certaine mesure.

En général, les juges assimilent le nègre-biographe à un coauteur de celui dont il fait la biographie à partir de son témoignage oral. Le droit imposerait théoriquement la mention des deux noms en couverture, mais il est possible d'en moduler la visibilité respective. Par exemple, le nom du nègre apparaîtra sur la page dite de « faux titre »#132 et non pas sur la couverture. L'anonymat forcé peut aussi être contourné dans les livres présentés comme des « entretiens », ou écrits « en collaboration#36 avec X ».

Le cas où le nègre accepte (contre rémunération) de gommer totalement son nom est par définition assez fréquent, mais les tribunaux sauront « réhabiliter » les droits moraux et patrimoniaux de l'auteur en cas de litige.

LE LABYRINTHE DE LA GESTION COLLECTIVE

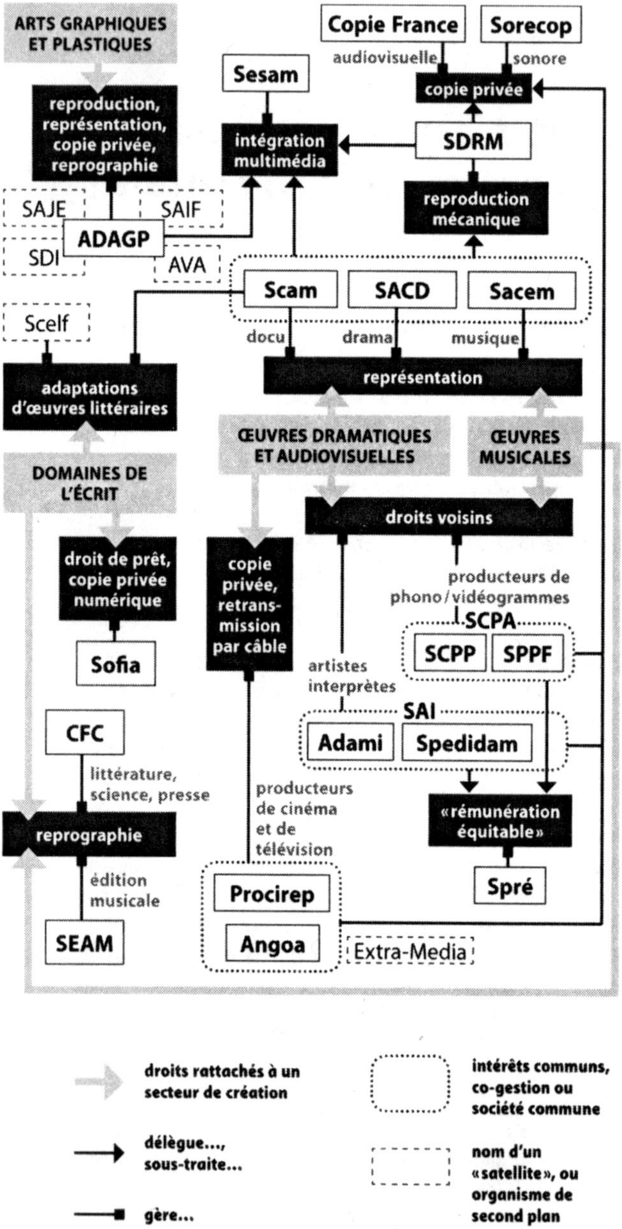

Comment fonctionnent les sociétés de gestion collective ?

Pour certaines formes d'exploitation, la défense et la gestion des droits des auteurs est centralisée au sein de sociétés sous tutelle du ministère de la Culture.

Les articles L.321-1 et suivants du CPI définissent le cadre juridique et les missions des *sociétés de perception et de répartition de droits* (SPRD) — communément appelées sociétés de gestion collective — lesquelles prennent impérativement la forme de sociétés civiles à capital variable, ce qui les rend imperméables aux investisseurs. Comme le souligne le juriste Cyrille Planson, la gestion collective s'est « imposée progressivement, dès le XIXe siècle, du fait de la multiplication des lieux de diffusion, puis de l'apparition et de la démocratisation des moyens d'enregistrement et de reproduction des œuvres[1] ».

(1) *Le Guide du droit d'auteur et des droits voisins*, C. PLANSON, suppl. à *La Scène* n° 25, juin 2002.

MISSIONS DES SPRD

Implicitement ou explicitement, les auteurs ou leurs ayants droit, ainsi que les titulaires de droits voisins#15, mandatent ces organismes pour :

— administrer en leur nom l'exploitation des droits patrimoniaux#9 « sous-traités » (autoriser la diffusion d'une chanson, attaquer les contrefacteurs#30 d'un film, etc.)

— percevoir et redistribuer les recettes (redevances, taxes) issues des droits dont ils sont investis ;

— soutenir financièrement la création, l'action culturelle, la formation des artistes, etc. ...

Bien que les sociétés de gestion collective ne soient pas soumises à un agrément préalable (sauf en matière de reprographie et de diffusion câblée), le CPI a instauré un contrôle rapproché de leur activité par une commission permanente qui épluche leur comptabilité labyrinthique(2).

(2) Le rapport annuel de cette commission est consultable sur le site du ministère de la Culture : *www.culture.gouv.fr/culture/actualites/index-rapports.htm*

ORGANISMES-CLÉS

Quatre grandes organisations d'auteurs se partagent la gestion des droits primaires :

— la **SACD** (Société des auteurs et compositeurs dramatiques, créée en 1777 par Beaumarchais) rassemble 40 000 dramaturges, metteurs en scène, réalisateurs, scénaristes… autour d'un répertoire de 500 000 œuvres dramatiques et audiovisuelles (théâtre, danse, spectacle, cinéma, radio, TV);

— la **Scam** (Société civile des auteurs multimedia [sic], 1982), née de la scission célèbre avec la Société des gens de lettres, gère spécifiquement les œuvres documentaires (ciné, radio, TV) et les adaptations de 20 000 sociétaires;

— la légendaire **Sacem** (Société des auteurs, compositeurs et éditeurs de musique, 1850) représente 100 000 sociétaires et 500 000 œuvres musicales;

— l'**ADAGP** (Société des auteurs dans les arts graphiques et plastiques, 1953) est l'incontournable gestionnaire des arts visuels (peintres, sculpteurs, photographes…) et constitue la plaque tournante des droits de reproduction et de représentation graphique, y compris reprographie, copie privée et « droit de suite » (intéressement aux ventes de tableaux et sculptures).

Les autres SPRD collectent certains droits collectifs récents (copie privée, reprographie, droit de prêt en bibliothèque…) et les droits voisins#15 (interprètes, producteurs de CD/DVD…). L'organigramme ci-avant montre l'anarchie de cette machine de guerre, tiraillée entre fusions et mandats, où chacun brigue le monopole sur telle nouvelle exploitation dérivée : Sesam comme guichet unique du multimédia, Sofia (créée en 1999 par la SGDL et le SNE) comme ramasseur des miettes laissées par les « auteurs de l'écrit » à la gestion collective…

Qu'est-ce qu'une œuvre logicielle ?

La doctrine et le régime de l'œuvre logicielle a fait naître quelques casse-têtes inédits.

Introduit dans le CPI par la loi L. 94-361 du 10 mai 1994, le logiciel est élevé au rang d'œuvre de l'esprit en tant que conception aboutie ou préparatoire d'un traitement logique de l'information. Organigrammes, algorithmes et processus sont les mots-clés de ce vaste champ de création, protégé par le droit d'auteur et le jeu des licences, fussent-elles iconoclastes (v. *copyleft* #39).

Les programmeurs sont bien placés pour savoir que ces constructions intellectuelles sont effectives bien avant leur fixation sur un support numérique. Lorsqu'on développe un logiciel, on adopte un « langage de programmation » mais il demeure relativement accessoire vis-à-vis de la conception algorithmique préliminaire. Ainsi, le logiciel est au moins tricéphale : il correspond à une abstraction logique, puis à un code, puis à une ressource finalisée (« compilée ») sur une mémoire informatique.

L'œuvre est susceptible de fonctionner, virtuellement, dès le stade algorithmique. La protection instituée par le CPI couvre l'ensemble. Une directive du 14 mai 1991 précise que sont visés « les programmes sous quelque forme que ce soit, y compris incorporés au matériel », ainsi que « les travaux préparatoires de conception aboutissant au développement d'un programme, à condition qu'ils soient de nature à permettre la réalisation d'un programme d'ordi- ...

nateur». À cet égard, on peut se demander si les œuvres littéraires combinatoires telles que *Cent mille milliards de poèmes* de Raymond Queneau (revenu sous les feux de la rampe dans une affaire de contrefaçon en ligne) ne relèvent pas du logiciel!

LOGICIEL ET CRÉATION MULTIMÉDIA

Compte tenu du régime très particulier des logiciels (régime peu favorable aux auteurs), les juristes sont confrontés à l'exigence de séparer dans les œuvres numériques la part du logiciel et du non-logiciel. Dans un produit multimédia, où le processus apparaît parfois consubstantiel du contenu, ce n'est pas une mince affaire. Exemple : une police de caractères#34 est indiscutablement une ressource logicielle outre qu'elle ressort d'une création graphique. En revanche, dans le domaine du jeu électronique, «la Cour de cassation en dissociant le programme du jeu a fort heureusement refusé que les éléments intégrés (graphisme, images animées, textes, sons...) soient considérés comme une simple dimension du logiciel.[1]»

(1) *Le Droit du multimédia*, F. Olivier & E. Barbry, «Que sais-je?» n° 3219, Puf, 1996

La création informatisée soulève à son tour de nombreuses questions. Les programmes permettant de concevoir des œuvres nouvelles (textuelles, graphiques, musicales, multimédias...) ou d'interagir avec des œuvres préexistantes ne simplifient pas l'analyse de l'apport créatif à reconnaître, soit au concepteur du logiciel, soit à l'utilisateur :

«Une partie de la doctrine française a soulevé par le passé le problème des créations réalisées par ordinateur. Elle soutenait que les œuvres étaient le résultat de calculs automatiques exécutés par un ordinateur et donc ne correspondaient pas à une expression de la volonté de l'auteur. Depuis, il semble bien que la jurisprudence française leur a donné tort.[2]»

(2) *Internet et le droit*, O. Itéanu, Eyrolles, 1996

Mais une question n'est pas tranchée : l'auteur d'un poème obtenu par littérature générative est-il celui qui a actionné le logiciel en sélectionnant judicieusement certains paramètres, ou celui qui a créé ledit logiciel?

Peut-on encore publier un journal intime ?

Par nature, le journal intime fait incursion dans la vie privée, celle de l'auteur et celle d'autrui. Risqué !

Posé laconiquement par l'article 9 du *Code civil,* le « droit au respect de la vie privée » s'est précisé à coups de jurisprudences. Il retentit aujourd'hui sur le droit à l'image, à l'intimité, à l'honneur, à la réputation… La biographie d'une personne a parfois été considérée comme son monopole exclusif (!), et les têtes d'affiche de la rubrique « faits divers » bénéficient d'un « droit à l'oubli » qui s'est progressivement affirmé dans les prétoires.

De fait, le diariste trop bavard sur les mœurs de sa voisine de palier ou divulguant un secret de famille s'expose aux foudres judiciaires si les plaignants démontrent l'atteinte à la vie privée ou la diffamation[#33]. En effet, l'auteur ne bénéficie pas de l'exception d'information et son éventuel talent littéraire ne hissera pas son journal au rang de « fiction intimiste ».

Comme le souligne Emmanuel Pierrat[(1)], « l'essence même du journal intime ne permet pas de recourir aux subterfuges habituels que sont la mention "fiction" ou même "auto-fiction". » Quant à la substitution des noms par des initiales, cela dénote une « immense candeur : l'identification des protagonistes, même masqués, est en général très facile, même pour les juges. »

(1) *Le Droit de l'édition appliquée, t. 2, ibid.*

Une fiction peut-elle « plagier » la réalité ?

Un romancier peut-il mettre en scène des personnes, faits ou lieux réels ? Les procédures incessantes remettant en cause les libertés de la fiction traduisent une intolérance croissante.

Entre une œuvre de fiction et un article ou un pamphlet, les libertés sont différemment évaluées par les juges. Cependant, dans l'absolu, le droit de la presse s'applique à tout ce qui s'imprime.

Observons tout d'abord qu'à défaut de préjudice démontrable, rien ne peut s'opposer à l'évocation de personnes ou de faits réels dans une œuvre fictionnelle (1).

(1) Persistent néanmoins quelques tabous, v. #29

CARICATURE OU DIFFAMATION

Malmenée dans un roman, une célébrité peut toujours agir en diffamation ou injure (voire atteinte à la vie privée, si le roman est trop bien informé). L'auteur exerce-t-il son droit légitime à la caricature ou à la critique sociale ? C'est aux tribunaux de l'apprécier, d'autant que l'injure, l'atteinte à l'honneur, sont des délits très subjectifs, qui ne reposent pas sur des faits tangibles. Ces dernières années, la jurisprudence a eu tendance à resserrer la protection des « victimes » d'allusions romanesques mal placées.

Le droit de la presse s'est exercé plus frontalement dans l'affaire opposant Jean-Marie Le Pen à l'écrivain Mathieu

Lindon (auteur du roman intitulé *Le Procès de J.-M. Le Pen*) : le chef de diffamation a prospéré. Encouragé par la déferlante répressive, le directeur d'un camping a assigné Michel Houellebecq pour quelques évocations salaces relevées dans *Les Particules élémentaires*. Depuis, la liste des procès visant à s'indemniser ou à faire sa publicité sur le râble d'écrivains trop suggestifs ne désemplit pas.

FAITS DIVERS

L'écrivain peut s'inspirer de la réalité criminelle, mais on ne peut que lui recommander de filtrer au maximum toute allusion directe. Les protagonistes de faits divers invoqueront la diffamation, le respect de la vie privée, le «droit à l'oubli», voire la présomption d'innocence (art. 9-1 du *Code civil*) ou le secret de l'instruction. Un auteur de polar a vu censuré un titre de «Série noire» sous ces deux derniers motifs.

Accessoirement, rappelons que la loi du 29 juillet 1881 (art. 30), renforcée par le Nouveau *Code pénal* (art. 434-24 et 434-25), interdisent tout commentaire visant à discréditer une décision de justice ou à critiquer les magistrats. Enfin, l'évocation d'un crime sexuel ou du suicide d'un mineur ne doit comporter aucune information permettant d'identifier les victimes (art. 39 bis et suiv., loi du 29-7-1881).

NOMS, MARQUES ET ENSEIGNES

Si des restrictions de plus en plus dissuasives s'appliquent à l'audiovisuel, la publicité «clandestine» (par exemple pour une marque de cigarettes) est rarement sanctionnée dans une œuvre littéraire. *A contrario*, les titulaires de noms commerciaux peuvent s'opposer à toute utilisation de leur titre industriel.

Concernant les personnages de fiction (héros célèbres) ou les titres (de films, de livres…), le problème est un peu différent dans la mesure où c'est le droit d'auteur lui-même qui serait atteint[#23]. Mais, sauf cas d'école, aucun auteur ne vous poursuivra pour la discrète publicité d'une mention «en passant».

Des tabous, aujourd'hui ?

Aussi stupéfiant que cela puisse paraître, les tabous sont encore légion, et même en recrudescence...

En fiction ou en non-fiction, l'engeance des tabous reste extraordinairement tenace, nourrie par des injonctions morales et politiques visant à protéger l'ordre public.

APOLOGIES

Pour endiguer un marché explosif, les États-Unis ont interdit aux serial-killers de vendre leurs mémoires. En France, on assigne désormais les écrivains dont les romans semblent constituer une « apologie » du crime en série ou de la pédophilie. La mesure du caractère apologétique d'une œuvre de fiction est laissée à votre appréciation...

La loi du 29 juillet 1881, renforcée par la loi Gayssot de 1990, sanctionne lourdement la diffamation raciale, la provocation à la discrimination et la contestation de crimes contre l'humanité. Ces dispositions avaient notamment pour cibles les écrits révisionnistes. On ne saurait déterminer sous quelles conditions un romancier peut mettre en scène un personnage exprimant les convictions d'un Faurisson ou d'un Garaudy. Par extension, la jurisprudence réprime toute « atteinte à la réalité historique » — affaire *Lucie Aubrac* (le film), jugée à Paris en 1999.

Mentionnons l'apologie de la drogue ou toute évocation présentant la consommation de stupéfiants « sous un jour favorable», propos fermement réprimés jusque dans les romans aux termes de l'article L.630 du *Code de la santé publique*. Ironiquement, Maître Pierrat relève que si l'expression *LSD j'aime* est illicite, le vocable *Opium* n'est nullement interdit aux parfumeurs…

BLASPHÈME

Très affaibli dans les années 60 et 70, le délit de blasphème a retrouvé toute la vigueur d'antan sous l'effet d'associations déterminées à restaurer la morale religieuse. Bien qu'inexistant en droit laïc, le blasphème se théorisera s'il le faut comme une atteinte à l'iconographie. L'Agrif (Association générale contre le racisme et pour le respect de l'identité française et chétienne) a ainsi obtenu, en cassation, la condamnation du livre *INRI* (Albin Michel), ouvrage artistique de Bettina Rheims représentant la crucifixion de façon iconoclaste.

Au vu de la jurisprudence, il apparaît qu'une œuvre à caractère blasphématoire ne devra pas faire l'objet de publicité par voie d'affichage sous peine de poursuites fondées sur l'atteinte à la liberté de culte. Mais, depuis l'affaire Rushdie, c'est la censure directe, intégriste, qui s'exerce avec le plus d'efficacité. En 1989, suite à des menaces de mort, Véronique Sanson était contrainte de retirer le titre «Allah» de son répertoire. En 2005, la plupart des grands médias décrètent que Dieudonné ne doit plus parler.

Bien que sans rapport avec le blasphème (sinon l'arriérisme) signalons que l'offense à chef d'État reste interdite dans toute publication (articles 36 et 37 de la loi de 1881).

INTERNAUTES CENSEURS

Le citoyen étant plus royaliste que le roi, des interdits arbitraires pleuvent sur Internet. Tel «modérateur» de forums prohibe toute discussion sur la sexualité, tel autre détruit toute évocation du conflit israélo-arabe ou du phénomène «peer-to-peer». L'internaute français, élevé dans la terreur du communautarisme belligérant, accepte les bâillons qu'on lui présente comme une garantie de paix sociale. En France, la liberté d'expression est passée de mode.

Plagiat, contrefaçon : kezako ?

Le plagiat illustre un aspect de la contrefaçon, qui en est la généralisation juridique.

Est un délit de contrefaçon :

— *« toute édition d'écrits, de composition musicale, de dessin, de peinture ou de toute autre production, imprimée ou gravée en entier ou en partie, au mépris des lois et règlements relatifs à la propriété des auteurs »* (CPI, art. L. 335-2) ;

— *« toute reproduction, représentation ou diffusion, par quelque moyen que ce soit, d'une œuvre de l'esprit en violation des droits de l'auteur... »* (art. L. 335-3).

En matière littéraire, le langage courant substitue souvent au terme de contrefaçon celui moins technique de plagiat qui n'en est qu'un aspect. Si la contrefaçon peut consister en un acte de *reproduction* illicite, le CPI ne stipule pas que le droit atteint à travers ce délit soit spécifiquement le droit de reproduction, mais les droits de l'auteur en général. Ainsi, une atteinte au droit moral (non-mention du nom de l'auteur...) peut fonder une action en contrefaçon.

Concernant l'acte contrefaisant, les tribunaux l'apprécient sur des ressemblances formelles et négligent les différences. Ce point sera capital dans les affaires de plagiat littéraire. Le délit est correctionnel et peut être poursuivi par le ministère public. L'infraction, présumée intentionnelle, impose à l'inculpé d'établir sa bonne foi. Il risque trois ans de prison et 300 000 € d'amende.

«Puis-je illustrer mon livre de photos piochées sur le Net?»

Scans sauvages et clichés dits «libres de droits» fleurissent sur le réseau. Sont-ils en libre service?

NON! Les œuvres graphiques étant quasi inaccessibles à «l'exception de citation»[#19], la reproduction de photos originales d'auteurs connus ou inconnus à titre d'illustration est *a priori* constitutive de contrefaçon[#30]. Dans le domaine des chroniques d'ouvrages et revues de presse, on tolère l'utilisation des couvertures — scannées, réduites et imprimées à côté du texte de commentaire.

En règle générale, l'autorisation expresse de chaque auteur-photographe ou de ses ayants droit est requise avant toute utilisation, même non lucrative, de son œuvre. C'est une démarche rébarbative[1] mais l'autorisation obtenue n'est pas nécessairement payante.

(1) Le site de l'ADAGP (*www.adagp.fr*) présente la démarche générale d'une demande de crédit photo.

Le concept si populaire de cliché «libre de droits» est généralement perçu comme un non-sens juridique. On peut y voir au mieux une garantie que la photo ne bénéficie pas de la protection réservée aux œuvres originales[#11]!

Rappelons que, dans tous les cas, il est impératif d'indiquer le nom de l'auteur de la photo et non pas seulement celui de l'agence ou société cessionnaire. On doit aussi «créditer» les œuvres et auteurs sous-jacents (photo d'art, nom d'architecte, etc). Enfin, la mention *DR* est inopérante et laissera la jurisprudence de marbre en cas de procès.

Délits de presse et d'édition : à qui la faute ?

En matière d'édition, la responsabilité des infractions (diffamation, etc.) est imputée, au premier chef, à l'éditeur… mais il se retourne illico contre l'auteur !

L'article 42 de la loi de juillet 1881 sur la liberté de la presse a défini le fameux système des responsabilités en cascade (lequel a été étendu en 1985 aux services de communication audiovisuelle). Sont retenus comme auteurs principaux des infractions de presse (injure, diffamation, etc.) :

1) les éditeurs ou directeurs de publication ;
2) à défaut, les auteurs ;
3) à défaut, les imprimeurs ;
4) à défaut, les vendeurs/distributeurs/afficheurs.

L'auteur peut toutefois être responsable au premier chef dans le cas où le directeur de publication ne peut matériellement avoir exercé sa responsabilité sur le contenu litigieux, c'est-à-dire dans les modes de diffusion en direct.

De surcroît, renforçant l'article L. 132-8 du CPI, presque tous les contrats d'édition comportent une « clause de garantie » par laquelle l'auteur promet#48 à son éditeur « l'exercice paisible » des droits cédés et s'engage solennellement à n'avoir commis ni diffamation, ni injure, ni plagiat, ni aucune atteinte aux droits des personnes ou à l'ordre public, bref, rien qui puisse causer du tort au courageux éditeur qui prend le risque de le publier. Sauf négociation musclée, le contrat permet donc de répercuter sur l'auteur la responsabilité et les coûts d'un procès.

Qu'est-ce qu'une diffamation ?

Dans son rapport déjà très freudien avec la « vérité », l'auteur-journaliste finit toujours par s'affronter à l'article 29 de notre bonne loi du 29 juillet 1881…

Constitue une diffamation « *toute allégation ou imputation d'un fait qui porte atteinte à l'honneur ou à la considération de la personne ou du corps auquel le fait est imputé [...]* ». La diffamation publique (directe ou par voie de presse) est réprimée « *même si elle est faite sous forme dubitative* », ou « *si elle vise une personne ou un corps non expressément nommés mais dont l'identification est rendue possible* » (L. du 29-7-1881, art. 29).

Bien sûr, l'énonciation de faits peu honorables paraît quelquefois indissociable du droit et même du devoir d'informer. Seulement voilà : la réalité ou la véracité du fait imputé n'annule pas le délit de diffamation.

La personne visée peut dénoncer aussi bien l'imputation franche (*j'affirme qu'untel est un repris de justice*) que l'insinuation : *ne dit-on pas dans l'entourage d'untel qu'il fréquente assidûment les bistrots ?* L'auteur paie son ironie au même prix que son franc-parler.

Les tribunaux ont précisé qu'une allégation diffamatoire doit articuler un fait précis, se prêtant à la preuve et au débat contradictoire. La désertion ou la collaboration avec l'ennemi sont des faits, tandis que traiter quelqu'un de *sombre andouille* n'est plus factuel, mais injurieux.

Ici, les juges ont une éminente mission de démêlage du propre et du figuré, selon l'évolution culturelle du sens. Traiter quelqu'un de collabo aujourd'hui, ou de fasciste, et l'accuser de l'avoir été en 1940, c'est très différent. Dans le second cas, on affirme l'appartenance à un régime historique (chose vérifiable); dans le premier on figure un trait idéologique par référence au passé, caricaturalement.

CONSIDÉRATIONS SUR L'HONNEUR

Qui définit l'honneur et la considération auxquels la diffamation porte atteinte? Les affaires judiciaires ont démontré la nécessité de «déléguer» aux juges l'appréciation souveraine de cette notion.

Cela nous préserve d'un vice dialectique : vous traitez Dupont d'ancien tortionnaire; Dupont vous traîne illico en justice, estimant que *tortionnaire* induit une imputation diffamatoire. Vous répliquez qu'étant donné l'idéologie de Dupont, qui cautionne ouvertement les actes criminels et racistes du colonialisme, la qualification de *tortionnaire* ne renferme aucune atteinte à l'honneur tel que *lui* le conçoit! Vous imaginez bien qu'un tel syllogisme sera inopérant...

BONNE FOI ET «EXCEPTION DE VÉRITÉ»

Singularité législative posée par l'article 35bis de la loi de 1881, un diffamateur est réputé de mauvaise foi. C'est-à-dire que la loi présume son intention de nuire. Le journaliste capable de prouver la légitimité de ses buts, l'absence d'animosité personnelle, la vérification des sources et une certaine pondération est sur la bonne voie pour établir sa bonne foi.

Dès lors, une ordonnance du 6 mai 1944 (greffée à l'article 35), nous glisse une infime concession. «La vérité des imputations diffamatoires peut toujours être prouvée», sauf lorsque l'imputation : concerne la vie privée, se réfère à des faits datant de plus de dix ans, ou amnistiés, ou prescrits, ou effacés par la réhabilitation ou la révision. L'«exception de vérité» n'éteint pas la diffamation mais constitue, avec la bonne foi, une circonstance atténuante.

Typographes, maquettistes, êtes-vous bien protégés ?

L'article L. 112-2 du CPI couvre sans ambiguïté les « œuvres typographiques ». Jusqu'à quel point ?

Les œuvres typographiques (dessins et fontes de caractères, ornements, titrages, lettrines, calligrammes, gabarits de mise en page, etc.) sont complètement protégées, sous réserve d'originalité[#11], au titre du droit d'auteur. La gestion collective de ces créations est tout naturellement confiée à l'ADAGP[#25], qui embrasse les arts graphiques.

Le cas des polices de caractères (au sens logiciel[#26] du terme) est difficile à cerner. Lorsque vous « achetez » une police originale à une fonderie pour l'employer dans la composition d'un livre, vous disposez d'une licence d'utilisation semblable à celle des logiciels. Il en est ainsi des polices courantes disponibles sur votre ordinateur, souvent livrées avec le système d'exploitation. Pour les puristes, le « crédit typographique » devrait suivre les règles du crédit photographique[#31] (mention du nom, etc.)

La protection d'une œuvre typographique peut se voir renforcer par un dépôt auprès de l'Institut national de la propriété industrielle[#40] dans la section « dessins et modèles », voire en marque déposée (police d'un logo).

Notons, incidemment, qu'un écrivain reprenant ses droits sur un livre n'est pas pour autant titulaire de la mise en page (qui appartient généralement à l'éditeur). Il devra donc recomposer l'ouvrage s'il souhaite le republier[#80].

Peut-on publier une œuvre du domaine public ?

Rééditer Balzac, Stendhal, ou des œuvres plus récemment tombées dans le domaine public, ne se fait pas sans quelques réserves.

Rappelons qu'une œuvre choit dans le « domaine public », à quelques exceptions près, soixante-dix ans après la mort de son auteur. C'est le délai d'extinction des droits patrimoniaux[#8], c'est-à-dire du privilège exclusif des titulaires légaux en matière de reproduction, représentation, etc.

Au-delà, l'œuvre appartient au patrimoine commun. Néanmoins, plusieurs critères peuvent encore faire barrage au recyclage des talents antiques :

— le droit moral[#7], inextinguible, impose encore le respect de l'intégrité du texte, de la paternité de l'auteur... Ses héritiers peuvent par exemple s'opposer à une reproduction dans un contexte tel qu'il dénature ou bafoue ses convictions politiques, morales, etc.;

— lorsqu'elle échappe à la protection du droit d'auteur, l'œuvre reste susceptible de titres distincts, notamment ceux de la propriété industrielle[#40] (dessins, inventions...). Aussi longtemps qu'ils sont renouvelés, l'œuvre « ne connaît pas le domaine public ».

— une œuvre composite ou dérivée peut intégrer une œuvre du domaine public sans l'être elle-même : cliché d'un tableau, typographie[#34] d'un livre classique, etc.

— enfin, l'éditeur d'une œuvre non protégée peut attaquer un concurrent sur le terrain, fertile, de la concurrence déloyale et du parasitisme commercial.

Pluralité d'auteurs, qui dirige la tribu ?

La création en commun n'est pas une pratique facile à décortiquer, mais le législateur y a été tôt confronté. Les « œuvres plurales » prennent diverses formes juridiques finement discriminées.

Le secteur de la bande dessinée, des encyclopédies ou de la réalisation audiovisuelle a imposé un cadre législatif précis pour réguler l'exploitation des œuvres où interviennent plusieurs auteurs. Il existe trois grandes espèces d'œuvres plurales, définies par l'article L.113-2 du CPI.

L'ŒUVRE DE COLLABORATION

Elle est la création active, concertée et commune de plusieurs personnes physiques, chacune ayant qualité de coauteur. Exemples : le scénariste et le dessinateur d'une BD, les auteurs d'un film#37 (réalisation, scénario, adaptation, dialogue, musique).

Dans une œuvre de collaboration, les contributions doivent rester discernables. Les coauteurs sont un peu des « copropriétaires » intellectuels : un droit privatif est préservé sur la part de chacun, mais les modalités d'exploitation de l'œuvre globale requièrent un consensus. Cette gestion juridique commune peut être confiée à un mandataire (l'un des coauteurs peut exercer ce rôle, par exemple pour négocier les cessions). Dans un contrat d'édition, l'ensemble des coauteurs sera généralement désigné par le terme *l'Auteur,* équivalant alors à une personne morale.

...

LES TROIS CATÉGORIES D'ŒUVRES PLURALES

ŒUVRE DE COLLABORATION

Les coauteurs œuvrent de concert, la part de chacun restant discernable. Ils s'assimilent à des copropriétaires.

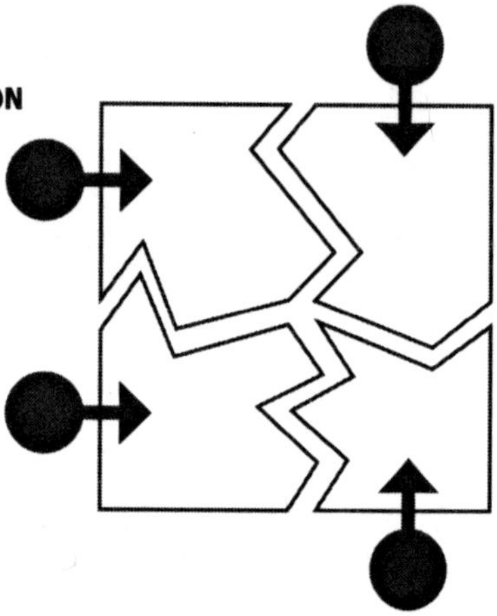

ŒUVRE COLLECTIVE

Les contributions (indiscernables) fusionnent en un tout, initié, dirigé et exploité par un maître d'œuvre.

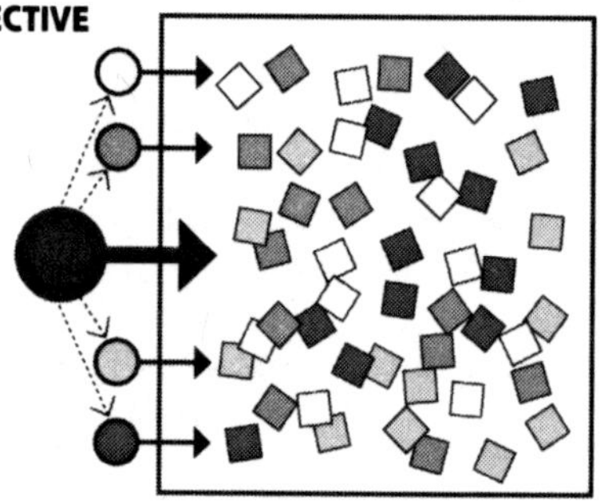

ŒUVRE COMPOSITE

Un auteur incorpore des œuvres préexistantes dans une création nouvelle. Cas typique : anthologie de poésie.

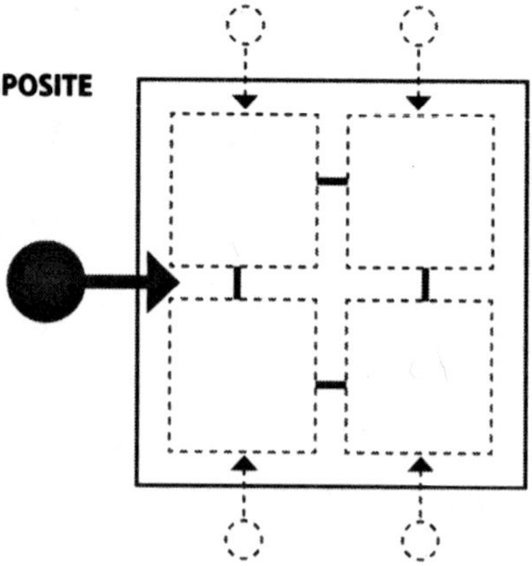

L'ŒUVRE COLLECTIVE

Elle se distingue de l'œuvre de collaboration en ce que :

— elle est chapeautée par une unique personne physique ou morale (un maître d'œuvre) qui en prend l'initiative et la coordonne en vue de l'éditer;

— les contributions des auteurs sous-jacents sont considérées comme indiscernables : elle fusionnent en un tout *«sans qu'il soit possible d'attribuer à chacun un droit distinct sur l'ensemble».*

C'est typiquement le régime des ouvrages encyclopédiques auxquels concourent une kyrielle de spécialistes. Bien que la qualification d'œuvre collective ne soit pas automatique, les juges s'appuient souvent sur le nombre des intervenants pour appliquer ce régime au détriment de celui de la collaboration, plus favorable aux auteurs.

Le maître d'œuvre sous le nom duquel l'œuvre collective sera ordinairement divulguée est investi des droits d'auteur, chaque contributeur conservant alors une paternité diffuse car, en plus du monopole d'exploitation, l'auteur-manager jouit de prérogatives morales[#7] sur l'œuvre collective.

L'ŒUVRE COMPOSITE

C'est une œuvre dérivée incorporant une ou plusieurs œuvres préexistantes[#18] sans la collaboration *active* de leurs auteurs. Ceux-ci ou leurs ayants droit ont autorisé et/ou monnayé ce droit d'incorporation. Ils touchent un pourcentage sur l'exploitation mais n'ont pas qualité de coauteurs de l'œuvre nouvelle. Le critère de contribution active est décisif : les marionnettes de Canal+ sont dérivées de caricatures dont le dessinateur n'a pas été reconnu coauteur de l'œuvre plastique [Paris, 1994].

Il existe à ce principe une exception cruciale : lorsqu'un roman fait l'objet d'une adaptation cinématographique, l'article L.113-7 du CPI attribue d'office au romancier la qualité de coauteur de l'œuvre nouvelle. Ajoutons que l'œuvre audiovisuelle[#37] est nécessairement assimilée par le législateur à une œuvre de collaboration.

Qui est auteur d'une œuvre audiovisuelle ?

La loi place toute création audiovisuelle (cinéma, télé, multimédia) sous le régime des œuvres de collaboration, d'où une solide communauté d'auteurs.

Le CPI qualifie d'*audiovisuelles* les «*œuvres cinématographiques et autres œuvres consistant dans des séquences animées d'images, sonorisées ou non*» (art. L.112-2). Pour l'essentiel, ce sont donc des créations plurales conjuguant les talents de scénaristes, dialoguistes, compositeurs, metteurs en scène, mais aussi designers, décorateurs, costumiers...

Pour fixer les idées, le législateur énumère quelques piliers de l'œuvre audiovisuelle : «*Sont présumés, sauf preuve contraire, coauteurs d'une œuvre audiovisuelle réalisée en collaboration : 1° l'auteur du scénario; 2° l'auteur de l'adaptation; 3° l'auteur du texte parlé; 4° l'auteur des compositions musicales avec ou sans paroles spécialement réalisées pour l'œuvre; 5° le réalisateur.*» (CPI, extrait de l'art. L.113-7). La jurisprudence souligne que cette liste n'est nullement limitative.

La qualification d'œuvre de collaboration apporte des garanties aux coauteurs#36. Le producteur du film (homologue de l'éditeur dans le cinéma) aura des comptes à rendre à chacun, bien que le réalisateur assume un rôle leader et concentre les intérêts de l'équipe. L'article L.113-7 ajoute, à très bon escient, que si l'œuvre audiovisuelle est adaptée d'une œuvre préexistante#38 (un roman, par ex.), «*les auteurs de l'œuvre originaire sont assimilés aux auteurs de l'œuvre nouvelle*». Le romancier est donc coauteur d'office.

Adaptation à l'écran : le romancier peut-il y faire barrage ?

L'adaptation d'un livre peut dresser le droit moral contre un titan : l'économie du contrat de production.

Tout comme le droit de traduction#16, le droit d'adaptation audiovisuelle intéresse la substance même de l'œuvre et engage moralement l'adaptateur vis-à-vis de l'auteur d'origine. La cession du droit d'adaptation ne dépouille pas l'écrivain de toute autorité sur l'œuvre dérivée : d'une part, il est promu *de facto* coauteur de l'œuvre audiovisuelle à laquelle il apporte la matière première#37, d'autre part, aux termes de l'article L.131-3 du CPI, la cession des droits audiovisuels doit faire l'objet d'un contrat «*distinct du contrat relatif à l'édition proprement dite de l'œuvre imprimée*».

Ce dernier principe tend à consolider le monopole de l'auteur en matière d'adaptation : le législateur l'engage à examiner cette option indépendamment du contrat d'édition#41 tout en astreignant son cessionnaire (l'éditeur) «*à rechercher une exploitation du droit cédé conformément aux usages de la profession [...]*».

De son côté, la jurisprudence recherche un compromis entre les revendications de l'auteur qui, au titre du droit moral, s'oppose aux distorsions excessives de l'œuvre originaire; et le principe naturellement déformant de l'adaptation. L'économie du cinéma conduit les juges à amortir, au bénéfice du producteur, la quérulence d'un auteur trop tatillon. L'«exercice paisible» du droit d'adaptation est d'ailleurs garanti par l'article L.132-26 du CPI.

Copyleft ©: kezako ?

Démonétariser le droit d'auteur sans l'abolir, telle est la philosophie des défenseurs du copyleft, un modèle idéalisant la libre circulation des œuvres.

Le jeu de mot prenant à rebrousse-poil le *copyright*#10, droit de copie réservé, pour instituer un *copyleft* — copie «laissée», c'est-à-dire autorisée — est né avec le courant du logiciel libre, puis s'est étendu à d'autres espaces de création (cf. par exemple *artlibre.org*).

À l'origine, le mouvement en faveur du copyleft fait corps avec l'action antimonopole dénonçant le pouvoir d'une poignée d'éditeurs de logiciels (Microsoft au premier chef) accusés de phagocyter et d'aliéner le marché. Le copyleft s'affirme comme une alternative non mercantile : défiant le copyright industriel et sécuritaire, particulièrement lourd dans le secteur logiciel#26, il permet à chacun de copier, modifier et diffuser à son gré l'œuvre *copyleftée*.

Cependant, le copyleft n'a pas vocation à nier le droit d'auteur. Vu de France, on peut l'assimiler à un contrat moral par lequel l'auteur ou l'éditeur, précisément parce qu'il détient les prérogatives du droit, autorise la libre circulation de l'œuvre. La doctrine du copyleft s'appuie donc sur la titularisation préalable d'un copyright. Sa mise en œuvre introduit un contrat de licence (le plus connu étant le GPL, *General Public Licence*) dont une condition essentielle est de conserver à toute copie ou œuvre dérivée les mêmes modalités de diffusion. Ainsi le copyleft s'autoreproduit.

À quoi sert l'INPI ?

La mission de l'Institut national de la propriété industrielle est définie par le CPI (art . L.411-1).

Placé sous la tutelle du ministère de l'Industrie, l'INPI doit notamment «*centraliser et diffuser toute information nécessaire pour la protection des innovations*». L'organisme assure le dépôt et tient les registres des marques, dessins et modèles, ainsi que des brevets d'invention. Un titre de propriété industrielle n'annule pas le droit d'auteur, il permet de le consolider au sein d'une activité économique.

Le site de l'INPI (*www.inpi.fr*) rappelle que les «créations de forme» (bidimensionnelles pour les dessins, tridimensionnelles pour les modèles) sont à la fois couvertes par le droit d'auteur et le cas échéant par le dépôt industriel. Comme tout dépôt volontaire, celui-ci a vocation à conférer une date certaine de création tout en établissant une «présomption de propriété». Le dessin ou modèle doit être «nouveau», mais l'INPI vérifie la régularité des dépôts d'un point de vue formel sans contrôler leur nouveauté.

La procédure de dépôt de brevet, plus complexe, couvre les inventions (nouvelles !) et «susceptibles d'application industrielle». Ne sont pas considérées comme des inventions les découvertes scientifiques («mais leurs applications peuvent en être»); les créations esthétiques; les plans, méthodes, règles du jeu…; les programmes informatiques en eux-mêmes. Le brevet est un titre puissant d'une durée de vingt ans, mais conditionné à de lourdes annuités[#89].

C

contrats et usages

L'édition d'un livre suppose une transaction fondamentale entre l'auteur, qui cède le droit d'exploiter son œuvre sous certaines formes, et l'éditeur, qui s'oblige à fabriquer le tirage, à mettre l'ouvrage en vente et à rétribuer l'auteur à proportion du succès commercial de l'opération. Les dispositions techniques, intellectuelles et pécuniaires sous-tendant le processus éditorial sont régies par un contrat, les usages et la législation. Cette partie décrit ces mécanismes dans les conditions dites « normales », visant en priorité l'exploitation de l'œuvre en librairie.

Quels sont les ressorts du contrat d'édition ?

Le pacte juridique et commercial qui lie auteur et éditeur est très strictement balisé par la loi. Voyons quels en sont les tenants et aboutissants.

À l'origine de tout contrat d'édition se présente la situation suivante : un éditeur#4 décide de valoriser une œuvre de l'esprit#2 dont il entrevoit la fortune commerciale, sinon littéraire, auprès d'un public accessible à son réseau de diffusion. L'auteur#3 de cette œuvre, jusqu'alors titulaire des droits de propriété intellectuelle sur celle-ci, se résout à en *céder* certains à l'éditeur sous plusieurs conditions#49, permettant ainsi la reproduction en nombre et l'exploitation commerciale en échange d'une juste rémunération.

Appelé aussi « contrat d'auteur » ou trop génériquement « contrat de cession », le contrat d'édition est strictement régi par l'article L. 132-1 du CPI : *« contrat par lequel l'auteur d'une œuvre de l'esprit ou ses ayants droit cèdent, à des conditions déterminées, à une personne appelée éditeur le droit de fabriquer ou de faire fabriquer en nombre des exemplaires de l'œuvre, à charge pour elle d'en assurer la publication et la diffusion ».*

FORMALISME DU CONTRAT

Juridiquement, le contrat d'édition est un acte mixte : civil pour l'auteur, commercial pour l'éditeur. Il doit impérativement être constaté par écrit (art. L. 131-2 du CPI), éventuellement « par échange de télégrammes » (art. L. 131-3). Le …

contrat verbal#79 (dit aussi « moral ») est une tradition plus qu'obsolète qui, au demeurant, ne joue pas en faveur de l'éditeur : faute d'écrit, il ne pourra se prévaloir de rien.

La clause inaugurale du contrat se présente typiquement en ces termes : « *L'Auteur cède à titre exclusif à l'Éditeur le droit d'imprimer, de reproduire, de publier et vendre l'ouvrage de sa création qui a pour titre XXX, et ce dans les limites définies dans le présent contrat...* »

On connaît trois grands « formats » de contrat d'édition : le *contrat standard* — dont la Société des gens de lettres (SGDL) et le Syndicat national de l'édition (SNE) ont fourni un modèle détaillé —, le *contrat de commande*#50 et la *cession forfaitaire*#54. Ils diffèrent sur des points mineurs (modalités d'exécution de la commande, mode de rémunération), mais tous sont soumis à l'article L.132-1 du CPI.

RÉMUNÉRATION DE L'AUTEUR

Les conditions de cession des droits d'exploitation comprennent bien sûr les modalités de rémunération de l'auteur. Cette contrepartie est en principe proportionnelle aux ventes réalisées, et c'est ce pourcentage (1 à 15 %) qu'on nomme conventionnellement *les* droits d'auteur#52.

La cession forfaitaire est peu appliquée, et souvent inapplicable (le législateur lui impose des contraintes strictes). On lui préfère le contrat standard assorti d'un *à-valoir*#53 sur les droits d'auteur. En pratique, comme ce dernier couvre le total des ventes espérées par l'éditeur, c'est bien souvent un forfait déguisé...

LE NÉCESSAIRE INVESTISSEMENT DE L'ÉDITEUR

Il est indispensable de retenir que le contrat d'édition conforme à l'article L.132-1 ne s'entend que si l'édition (fabrication, publication *et* diffusion de l'ouvrage) est un investissement propre de l'éditeur. Celui-ci doit assumer entièrement le risque financier de l'opération. À défaut, notamment si l'auteur est tenu de participer financièrement d'une quelconque façon, le « contrat d'édition » n'en est plus un#42 et la cession des droits est nulle.

Comment détecter un contrat véreux ?

De nombreux prestataires de services (notamment les « éditeurs à compte d'auteur ») se plaisent à pasticher le vrai contrat d'édition pour tromper leurs clients sur la nature de la convention.

Certains contrats s'intitulent abusivement « contrat d'édition » alors qu'ils relèvent de régimes juridiques distincts, tels que celui de l'édition à compte d'auteur#105 régi par l'article L.132-2 du CPI. Si « 132-2 » (ou « 132-3 ») figurent en petits caractères dans un coin du contrat, vous êtes fixé !

Sinon, le mot-clé à identifier immédiatement est celui qui pose la nature de la transaction. Dans un contrat conforme, l'auteur « cède » des droits à l'éditeur ; dans un pseudo-contrat, l'auteur « charge » l'éditeur de…, le « mandate »… On trouvera aussi « concession » au lieu de « cession » !

Cependant, il n'est pas rare qu'un prestataire produise abusivement un contrat comportant expressément une cession, laquelle est incompatible avec toute espèce de rémunération de service, même partielle (parfois camouflée en « participation aux frais de maquette »).

Des intitulés comme « contrat d'édition *en partenariat* », « contrat *pour* l'édition de… », « contrat participatif », doivent absolument vous inquiéter. Enfin, l'absence de « droits d'auteur » au profit de « ristournes » apparemment très généreuses pour l'auteur (plus de 30 %) est un symptôme alarmant.

Comment détailler les clauses de cession ?

Votre création peut enfanter toute une industrie dérivée. Chaque droit cédé à l'éditeur vise une exploitation précise dont il prend les commandes. Chaque droit non cédé reste sous votre monopole.

Le contrat d'édition s'impose une délimitation précise des droits cédés#9 (formes prévues, territoires visés, durée de l'exploitation...). Cette exigence découle de l'article L.131-3 du CPI, alinéa 1 : «*La transmission des droits de l'auteur est subordonnée à la condition que chacun des droits cédés fasse l'objet d'une mention distincte dans l'acte de cession et que le domaine d'exploitation des droits cédés soit délimité quant à son étendue et à sa destination, quant au lieu et quant à la durée [...]*»

La jurisprudence a clairement fixé que toute clause générale du genre «*tous droits compris*» est inopérante, l'absence de précision pouvant même causer l'annulation du contrat [Paris, 1979]. Les sociétés d'auteur recommandent de consolider cette protection par une mention du type : «*Toute prérogative d'ordre patrimonial non explicitement cédée dans les conditions et formes prévues au présent contrat est réputée demeurer la propriété de l'auteur.*»

L'article L.131-3 dispose par ailleurs que «*les cessions portant sur les droits d'adaptation audiovisuelle doivent faire l'objet d'un contrat écrit sur un document distinct du contrat relatif à l'édition de l'œuvre imprimée*». Les droits audiovisuels#38 ne sont donc *jamais* cédés dans le contrat principal.

CLAUSES TYPIQUES

En pratique, l'objet du contrat indique succinctement le cadre de l'exploitation dite «primaire» (édition courante, format, collection). Les détails de la cession sont portés dans une section spécifique.

On y trouvera généralement les rubriques suivantes :

1) droit de «**reproduction et d'adaptation graphique**», comportant le droit principal de reproduction en édition courante (c'est bien souvent le seul droit réellement rémunérateur pour l'auteur!), le droit de reproduction en édition de poche, club, illustrée..., ou dans telle collection, le droit de reproduction (totale ou partielle) sur supports graphiques et par voie de presse (pré- et post-publication), le droit d'adaptation (totale ou partielle) pour tous publics sous des formes abrégées ou étendues (on parle ici d'*adaptation graphique*) : édition condensée, jeunesse, roman-photo, BD...

2) droit de **traduction** (totale ou partielle) dans les langues X, Y, Z... (ou «en toutes langues») de l'œuvre et de ses adaptations et droit de reproduction de ces traductions sur tous supports graphiques.

3) droit de **représentation** (communication au public) de tout ou partie de l'œuvre et de ses adaptations sous forme de lecture, par voie de récitation publique dans les salles de spectacles ou par transmission radiophonique et télévisuelle; ainsi que droit de reproduction sonore (pour l'exploitation phonographique notamment).

Cette liste n'est pas normative. Certains droits peuvent être retirés, ou ajoutés (reproduction numérique, adaptation théâtrale...). L'éditeur recherche machinalement une cession maximale dans l'espace et dans le temps (jusqu'au domaine public!). L'auteur devra apprendre à négocier...

Qu'appelle-t-on «droits secondaires»?

Dérivant plus ou moins directement du droit d'exploitation principal («primaire»), les droits dits «secondaires» se divisent en trois catégories.

1) **Droits étrangers.** — Ils désignent le droit de reproduire, traduire et commercialiser l'ouvrage dans une langue étrangère, sur un ou plusieurs territoires. Les grandes maisons d'édition possèdent un service des droits étrangers où se négocient les cessions (sous-cessions) avec leurs confrères de tous les continents. Un best-seller est traduit en une vingtaine de langues. Les pays les plus acheteurs de littérature française sont l'Allemagne, l'Italie, l'Espagne et les Pays-Bas. L'Europe de l'Est n'est plus en reste.

2) **Droits annexes.** — Ils ont en commun avec le droit d'exploitation primaire du livre de concerner le même support : l'imprimé. Ils correspondent aux formes «recyclées» de l'ouvrage, dans la même langue : édition de poche (taux de cession de l'ordre de 10%), extraits en post- et pré-publication (pouvant faire l'objet d'une cession gratuite au titre de la promotion), condensés (style Reader's Digest), édition club (VPC type France Loisirs ou GLM, taux de cession de l'ordre de 7%).

3) **Droits dérivés.** — Les droits dérivés sont l'équivalent des droits annexes sur supports autres qu'imprimés : adaptation théâtrale et cinématographique, télé et radiodiffusion, audio et vidéogrammes, supports électroniques et enfin merchandising (t-shirts, casquettes, etc.).

Comment négocier des cessions limitées ?

La cession contractuelle des droits de l'auteur au profit de l'éditeur ne doit pas rimer avec aliénation.

Sauf disposition contraire, l'éditeur bénéficie d'une cession « exclusive » (CPI, art. L. 132-8), l'auteur lui garantissant#48 ainsi « l'exercice paisible » des droits cédés à l'abri d'une exploitation concurrente. Ce principe raisonnable dégénère trop souvent en une sorte de boulimie, quasi instinctive, confortée par des usages surannés.

La « prise de risque »#41 de l'éditeur justifie assurément la cession de certains droits secondaires#44, encore faut-il qu'il soit à même de les exploiter ! Pourquoi, par exemple, céder des droits d'adaptation multimédia#46 à un éditeur qui ne fait que du papier ?

Même remarque pour le contrat de cession des droits audiovisuels#37 qui, pour être impérativement dissocié du contrat d'édition, n'en est pas moins systématiquement proposé aux auteurs. Franchement, un petit éditeur de poésie contemporaine est-il capable de négocier une adaptation cinématographique de votre recueil ?

DROITS ÉTRANGERS

Pour l'édition d'un livre courant, le droit primaire cédé est celui d'éditer le livre sur des territoires définis#43. Un contrat d'édition poussiéreux ressassera *« pour tous pays et toutes langues »*. En quel honneur ?

Remarquez que la notion de langue ne saisit pas une étendue spatiale, elle devrait donc se cantonner au droit de traduction. Si l'édition est autorisée au Japon alors qu'aucun droit de traduction n'est conféré à l'éditeur, celui-ci ne pourra vendre au Japon que le livre en édition d'origine (en français). Or, supposons que vous ayez vos «entrées» dans l'édition nipponne. Vous pouvez à bon droit vous préserver ce créneau, *a fortiori* si vous savez votre éditeur incapable d'explorer le marché étranger.

«POUR LA DURÉE DE LA PROPRIÉTÉ LITTÉRAIRE»?

Pour combien de temps cédez-vous vos droits à l'éditeur? Dans leurs contrats types, les éditeurs fixent machinalement cette durée à sa valeur maximale, le temps de la propriété littéraire elle-même (jusqu'à la chute de l'œuvre dans le domaine public#35) soit 70 années post-mortem!

Les clauses types octroyant à l'éditeur une étendue maximale de cession sont licites mais nullement impératives. Comme l'indique la Société des gens de lettres (SGDL), «conférer une exclusivité totale à l'éditeur pour toute la durée de la propriété littéraire ne semble pas toujours raisonnable, compte tenu qu'à notre époque la carrière d'un ouvrage obéit à un certain nombre de contingences...»

La rapidité de rotation des titres actuellement publiés (un à deux mois en librairies pour la plupart) laisse à penser que l'investissement de l'éditeur «pour la postérité» n'est qu'un réflexe conditionné.

On ne peut donc que recommander aux auteurs de négocier une cession limitée dans le temps (pourquoi pas cinq ans?), surtout s'ils sentent que l'ouvrage, par son genre ou sa destination, pourrait trouver un second souffle, après son exploitation normale, dans une forme d'édition «parallèle» chez un éditeur plus adapté.

D'un autre côté, ne réduisez pas l'étendue de la cession par pur principe, car ce ne sera pas nécessairement à votre avantage : l'éditeur risque fort de réviser à la baisse ses ambitions commerciales...

Que visent les « droits électroniques » ?

Rien de plus flou que ces *droits électroniques* qui envahissent les contrats sans autre formalité.

Pour assurer leurs arrières sur le front de l'Internet et du multimédia, les éditeurs briguent par contrat ce qu'ils nomment les droits électroniques, terme non juridique dont chacun pourra dès lors interpréter l'étendue selon ses appétits.

Comme nous l'avions noté dans notre enquête consacrée à l'édition en ligne[1], les formes d'exploitation numériques sont hétérogènes et réclament, au minimum, une réflexion sur les formats de conversion/reproduction de l'œuvre d'origine (XHTML, PDF, RTF, XML...) ainsi qu'un encadrement précis des modalités de télédiffusion : Internet, Intranet, protocoles (HTTP, SMTP...), restrictions d'accès, etc.

(1) « Le contrat d'édition en ligne », P. MORFOUACE & S. BELLINA, in *Ecrire&Editer* n° 34, oct. 2001.

Ainsi, outre la copie privée numérique sous gestion collective#25, les droits électroniques désignent aussi bien :

— le droit de convertir l'œuvre dans tels formats numériques, « isomorphes ou éventuellement compressés » ;

— le droit de stocker ces reproductions / conversions sur tels supports physiques et / ou sur tels serveurs ;

— le droit de représenter l'œuvre par télédiffusion ;

— le droit de reproduire l'œuvre « à la demande » (par impression numérique) ;

— le droit d'adapter et/ou d'intégrer l'œuvre dans un produit multimédia ou une œuvre logicielle.

Où se procurer un modèle de contrat d'édition ?

Les sociétés d'auteurs et d'éditeurs ont mis en place des contrats types, tous très semblables, encadrant l'édition d'une œuvre littéraire conformément aux dispositions du CPI et aux usages de la profession.

Deux modèles canoniques de contrats d'édition se disputent le podium : celui préconisé par la Société des gens de lettres (SGDL) et celui du Syndicat national de l'édition (SNE). Quoique les analyses et les intérêts en jeu ne soient pas les mêmes côté auteurs et côté éditeurs, les deux modèles proposés par ces organismes sont pratiquement interchangeables. Celui de la SGDL est précieux, car assorti de commentaires permettant d'éclairer certains points sensibles. Vous trouverez aussi un modèle de contrat de cession des droits d'adaptation audiovisuelle#37.

Il semble que ni le SNE ni la SGDL ne diffusent leur contrat sur Internet. Vous devrez donc vous déplacer :

- **SNE (www.snedition.fr) :**
  115 Bd Saint-Germain, 75006 Paris
- **SGDL (www.sgdl.org) :**
  Hôtel de Massa, 38 rue du fbg St-Jacques, 75014 Paris

Une excellente alternative est le contrat type diffusé par la Scam#25, qui lui est téléchargeable sur le Net (format PDF) parmi de nombreux autres modèles. Rendez-vous à l'adresse suivante :

- ***www.scam.fr/auteur.php***

À quoi s'oblige l'auteur en signant un contrat ?

À la signature d'un contrat d'édition, l'auteur s'engage essentiellement à ne pas mettre de bâtons dans les roues de son éditeur !

Aux termes de l'article L. 132-8 du CPI (déjà cité#45), l'auteur «*doit garantir à l'éditeur l'exercice paisible*» du droit cédé, cession présumée exclusive. Si vous publiez une méthode d'apprentissage chez un éditeur, il est clair que vous lui feriez concurrence en programmant une publication similaire chez un confrère. Le pacte de préférence#51 permet au demeurant d'éviter de telles fourberies.

Faute d'exclusivité, l'auteur doit informer l'éditeur de toute cession consentie par ailleurs, ou bien d'une éventuelle publication antérieure (par exemple sur Internet).

Il est classique d'étendre la clause de garantie «contre tous troubles, revendications et évictions». Cela implique en particulier que l'auteur est bien titulaire des droits cédés (pas de plagiat#30) et que son œuvre n'enfreint pas les lois de la presse (diffamation#33, atteinte à la vie privée...).

Avant la mise sous presse, l'auteur a le devoir de remettre «*l'objet de l'édition en une forme qui permette la fabrication normale*» (CPI, art. L. 132-9). Le délai éventuel sera fixé dans le contrat. L'auteur sera tenu ensuite de procéder aux corrections d'épreuves#136, ultime contrôle avant la signature du bon à tirer#67. Les obligations des deux parties sont totalement imbriquées jusqu'à la finalisation matérielle.

Quelles sont les obligations d'un éditeur ?

Les articles L. 132-11 à L. 132-14 du CPI indiquent les principaux engagements de l'éditeur. Résumons-les.

Tout éditeur est tenu de : fabriquer l'ouvrage tel qu'indiqué au contrat, le publier sous le nom ou pseudonyme de l'auteur, lui assurer une *« exploitation permanente et suivie »* et une diffusion conforme aux usages de la profession. Il doit rendre compte des stocks, tirages et ventes réalisées, des pièces justificatives pouvant lui être réclamées.

S'il ne fait pas corriger les fautes d'orthographe, le contrat peut être résilié à ses torts. Réciproquement, il viole le droit moral#7 s'il retouche des passages sous prétexte de se prémunir contre un délit de presse : il avait tout le loisir d'apprécier ce risque lors de la lecture du manuscrit.

En matière de diffusion/distribution#69 (point souvent litigieux), il « a l'obligation de livrer l'œuvre au public de manière régulière aussi longtemps qu'elle est susceptible de plaire » [Paris, 1983]. Il porte atteinte aux droits de l'auteur s'il ne dispose ou ne régénère pas un stock suffisant de livres pour faire face aux demandes [Paris, 1985]. Il peut être attaqué s'il « prive de cohérence et d'efficacité le mode de distribution », s'il sous-approvisionne des points de vente en période de grande fréquentation, s'il fixe un prix de vente excessif (dissuasif) [Paris, 1996].

De tels manquements peuvent conduire à la résiliation du contrat avec dommages et intérêts pour l'auteur.

En quoi consiste un contrat de commande ?

Une commande est une convention par laquelle l'éditeur engage l'auteur à produire ou parachever une œuvre dont ils ont fixé les lignes directrices.

Le contrat de commande intéresse typiquement les séries ou genres populaires dont la rédaction est très codifiée, plus souvent les livres pratiques et essais (encadrés par un directeur de collection), et quelquefois la littérature générale quand l'auteur est une « valeur sûre ».

Principe : l'éditeur prend une « option » sur l'œuvre faisant l'objet de la commande. La convention est formalisée comme un pré-contrat d'édition, dans lequel « l'éditeur confie à l'auteur le soin d'écrire le texte original d'un livre qui a pour titre provisoire *XXX...* ». La clause essentielle de la commande définit alors, au plus fin, les lignes directrices du projet. Le contrat doit prévoir les délais intermédiaires et les modalités d'acceptation, d'ajustement ou de refus du texte. De par la nature du pacte liant les parties, l'auteur convient ici d'un certain lien de subordination et se pliera assez largement aux desiderata de l'éditeur en puissance.

Un contrat de commande est impérativement assorti d'un à-valoir**#53** définitivement acquis à l'auteur, quelle que soit l'issue du projet. Si l'éditeur « lève l'option », l'à-valoir s'assimile à une avance sur les droits d'auteur futurs. Si l'affaire ne se conclut pas, l'à-valoir correspond à la rémunération du travail effectué — en vain — par l'auteur. Il conserve alors l'entier monopole sur l'œuvre réalisée.

« Droit de préférence » : devez-vous fidélité à votre éditeur ?

L'éditeur qui prend le risque de vous éditer bénéficie ordinairement d'une priorité pour l'édition de vos œuvres futures. Ce pacte de préférence est régi tant par la loi que par les usages.

Le pacte de fidélité baptisé « droit de préférence » est défini dans l'article L. 132-4 du CPI, mais il n'est ni obligatoire ni toujours pertinent. On imagine qu'un auteur produisant ponctuellement un ouvrage sans perspective de récidive, ou qu'un éditeur se commettant incidemment dans tel genre, ne désirent pas être liés par un tel engagement.

DÉLIMITER LES GENRES

Le droit de préférence s'applique toujours à des genres déterminés : roman, autobiographie, essai, livre pratique… « Fiction » serait une catégorie trop floue. Le CPI dispose que la priorité de l'éditeur est limitée *« pour chaque genre à cinq ouvrages nouveaux à compter du jour de la signature du contrat d'édition conclu pour la première œuvre ou à la production de l'auteur réalisée dans un délai de cinq années à compter du même jour »* (art. L. 132-4). Notez que votre premier contrat est inclus dans ce compte à rebours.

Dans les faits, on ne retrouvera pas texto les modalités définis par le CPI, le *Code des usages* ayant fait sauter le quota de « cinq ouvrages par genre » — qui permettait d'aligner sans fin des dizaines de bouquins, en considérant chaque fois un genre distinct — pour le remplacer par « cinq ouvrages, chacun dans un genre spécifique ».

Certains éditeurs aux contrats archaïques cherchent parfois à maintenir la pression dans plusieurs genres avec cinq ouvrages pour chacun. Demandez-leur d'actualiser le contrat en négociant un pacte conforme aux usages.

LE PACTE N'EST PAS UN PRÉ-CONTRAT

Il est évident que si l'auteur promet de soumettre à l'éditeur les manuscrits futurs concernés par le droit de préférence, l'éditeur ne promet pas pour autant de les publier ! Mais l'auteur reprendra sa liberté à la suite de deux refus de l'éditeur.

Si le pacte est rompu, l'auteur rembourse éventuellement les avances qu'il aurait perçues pour les ouvrages refusés. Tant que le pacte fonctionne, les nouveaux contrats signés réduisent d'une unité le quota ou bien le redéfinissent. C'est négociable entre les parties.

NE SABOTEZ PAS VOS MANUSCRITS !

Le droit de préférence est essentiel à la survie des petits éditeurs, ceux qui découvrent et lancent de nouveaux talents… pour se les faire trop souvent « barboter » par les grosses maisons. Lorsqu'un auteur marche, il se sent vite pousser des ailes et des chevilles. Il sera peut-être tenté d'échapper à son accoucheur en sabotant ses manuscrits futurs. Mauvais calcul.

L'artifice consistant à proposer des textes manifestement impubliables pour se dérober au pacte de préférence est aisément détectable par l'éditeur, qui dénoncera judiciairement la mauvaise foi de l'auteur. Les juges pourront alors qualifier la violation du droit de préférence en… autocontrefaçon#30 !

Les droits d'auteur, combien ça chiffre ?

Le terme « droits d'auteur » désigne la rémunération de l'auteur en contrepartie de la cession consentie à l'éditeur qui exploite les droits.

En règle générale (c'est un principe d'ordre public régi par l'article L.131-4 du CPI), les droits d'auteur sont calculés « à la proportionnelle », c'est-à-dire que l'auteur touche un pourcentage des ventes réalisées sur la base du prix public hors taxe de l'ouvrage. Ce pourcentage ne peut être nul (!) et les droits sont dus dès le premier exemplaire vendu. Le versement forfaitaire#54 des droits d'auteur constitue une situation d'exception, strictement encadrée par la loi. Le versement d'un à-valoir#53 est courant mais rarement généreux pour un « nouvel auteur » (1000 à 3000 €).

Les taux — dans une fourchette de 8 à 12 % pour les droits primaires en littérature générale — varient selon les éditeurs, selon les genres d'ouvrages, selon les droits exploités et, parfois, selon le succès. On parle de taux progressif lorsqu'il augmente chaque fois qu'un palier est franchi, par exemple : 8 % de 1 à 1000 exemplaires vendus, 10 % de 1001 à 3000, 12 % de 3001 à 10 000, 15 % à partir de 10 001.

Voici quelques fourchettes indicatives donnant les taux « de base » (hors progressivité) pratiqués par les éditeurs :
- — fictions et essais (édition courante) : 8 à 10 % ;
- — première édition de poche (polars, etc.) : 4 à 6 % ;
- — réédition poche d'un ouvrage courant : 2 à 3 % ;
- — bande dessinée : 6 à 8 % partagés entre coauteurs ;

— album jeunesse : 4 à 8 % partagés entre coauteurs;
— beau-livre (art, photo) : 5 à 8 % (partage éventuel);
— poésie : la pratique de la « rémunération en exemplaires » s'est généralisée en poésie de création.

DROITS DÉRIVÉS ET ANNEXES

Le contrat doit fixer les taux de rémunération pour chaque forme d'exploitation. Ce sont les droits secondaires**#44** exploités directement par l'éditeur et ceux dont l'exploitation a été cédée à un tiers (par exemple un éditeur étranger pour une traduction).

Pour ce qui est des droits cédés par l'éditeur à un tiers (on parle de *sous-cession*), les usages recommandent une répartition à 50/50 entre l'auteur et l'éditeur premier. Ainsi, l'auteur touchera 50 % du pourcentage rétrocédé à son éditeur par l'éditeur secondaire. Soit, par exemple, 5 % sur une exploitation en langue étrangère si le taux a été négocié à 10 % entre les éditeurs.

Sachez que la rémunération des droits sous-cédés, difficilement contrôlable par l'auteur, conduit facilement à des litiges. Dans la fameuse affaire « Astérix », Uderzo a démontré à l'issue d'un procès-fleuve que Dargaud lésait ses intérêts quant à l'exploitation des droits étrangers.

ASSIETTE

L'assiette des droits d'auteur (ce sur quoi porte le pourcentage) est un point sur lequel le législateur ne se montre pas explicite. L'article L.131-4 du CPI mentionne seulement la nécessité d'un versement proportionnel aux *« recettes provenant de la vente ou de l'exploitation »*. Ce principe pouvant s'interpréter diversement, certains éditeurs se sont engouffrés dans la faille en asseyant les droits sur un chiffre d'affaires ou, pire, sur le prix de remise au libraire.

Mais les usages, les contrats types et une jurisprudence constante ont entériné comme assiette le prix public du livre hors TVA. Un éditeur qui déroge à ce calcul ne respecte pas les usages et risque gros si le contrat est dénoncé judiciairement par l'auteur.

Que faut-il savoir sur l'à-valoir ?

L'avance sur droits d'auteur ne pèse jamais lourd (sauf si vous êtes P.-L. Sulitzer), mais elle permet à l'auteur de s'offrir un costume avant le Salon du livre.

Dans le scénario classique, l'éditeur verse un à-valoir (net hors TVA) à la signature du contrat#41 ou à la remise du manuscrit#83. Il s'agit d'une avance garantie sur les droits d'auteur#52, définitivement acquise à l'auteur s'il tient ses engagements, et venant bien sûr en déduction des droits perçus ultérieurement.

Le versement d'un à-valoir est obligatoire dans le cadre d'un contrat de commande, ou bien si le contrat d'édition ne fait pas état d'un tirage minimum (art. L.132-10 du CPI).

DÉDIT FORFAITAIRE

L'à-valoir est conservé, sauf dans le cas où la publication serait compromise à cause d'une défaillance grave de l'auteur. La Société des gens de lettres souligne que si la publication est annulée pour d'autres raisons, l'acompte doit rester acquis à l'auteur, car il pallie en partie « le préjudice subi du fait de l'indisponibilité des droits et de la non publication » (on parle alors de *dédit forfaitaire*).

Lorsque l'à-valoir est symbolique alors que les droits sont restés longtemps bloqués, le dédit forfaitaire peut être majoré… Mais les contrats ne détaillent guère le montant de ces indemnités, car ils correspondent à des scénarios-catastrophes que personne n'ose envisager !

COMBIEN ?

D'une façon générale, un faible taux de droits d'auteur sera compensé par un bon à-valoir. Si vous négociez bien, vous pouvez tirer votre acompte à environ deux tiers des droits d'auteur espérés. Un contrat constitue une très mauvaise offre s'il minimise à la fois à-valoir et droits d'auteur — du genre 1000 € et 7 %, sur des tirages de l'ordre de 4000 exemplaires !

Sur le terrain, on observe depuis une dizaine d'années un tassement spectaculaire des tirages, des droits d'auteur et des à-valoir. La borne supérieure se situerait autour de 3000 € (pour un nouvel auteur), mais certains éditeurs n'hésitent pas à descendre à 1000 €, enveloppe d'autant plus pingre lorsque l'à-valoir est un « forfait camouflé » (l'éditeur présume qu'il « couvre » tous les droits et ne rend plus compte de rien à l'auteur.)

QUAND ?

L'éditeur paie l'à-valoir à la signature du contrat dans le meilleur des cas, ou bien à la remise du manuscrit, ou lors de la mise en vente dans le pire des cas. Il peut aussi fractionner le versement sur ces trois échéances. Certains éditeurs ont pris la piètre habitude de ne pas régler l'à-valoir dans les délais, ce qui lui enlève tout son sens !

Le mauvais payeur ayant plusieurs auteurs à faire patienter privilégiera les coriaces au détriment des mous. Soyez plutôt dans le camp des coriaces !

Mon éditeur peut-il me payer au forfait ?

La loi limite fortement la pratique du forfait : il est rarement licite dans le cadre d'une édition courante.

Le forfait est une clause contractuelle établissant la rémunération de l'auteur à un montant fixe, alors que le principe prévalant (posé par le législateur) est la rémunération proportionnelle#52.

Les dérogations posées par les articles L.131-4 et L.132-6 du CPI font que le forfait est autorisé en paralittérature (« éditions populaires bon marché »), dans les genres scientifiques, techniques, encyclopédiques, analytiques, ainsi que pour les beaux-livres à tirage limité, les traductions#58 et les albums jeunesse bon marché.

Le forfait est machinalement appliqué aux œuvres collectives (encyclopédies, presse écrite) sous prétexte que l'assiette des rémunérations individuelles « ne peut être pratiquement déterminée ». Lorsque la contribution d'un auteur présente un caractère accessoire dans une œuvre plurale#36, le forfait est licite.

La combinaison du forfait et de la rémunération proportionnelle (on parle de *rémunération panachée*) n'est pas contraire à la législation. Exemple : un forfait en-deçà de 10 000 exemplaires vendus et un pourcentage au-delà. Cependant, le plancher du paiement proportionnel ne doit pas être « illusoire ». Il s'est déjà vu des contrats — probablement mal actualisés — fixant le plafond à

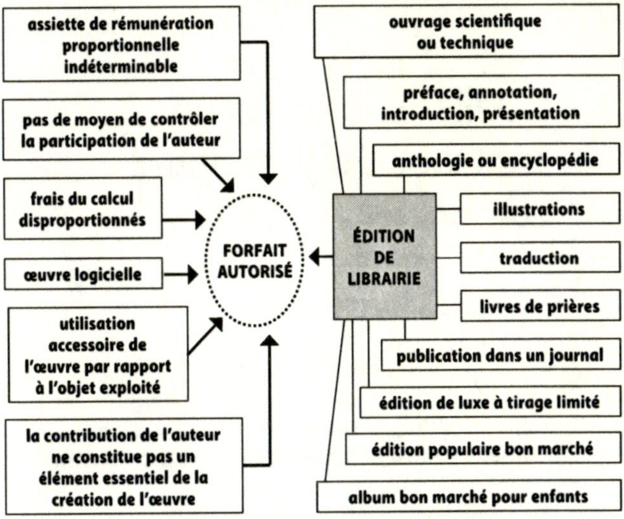

10 000 exemplaires vendus …pour un tirage convenu de 4500 exemplaires !

RÉVISION DU FORFAIT

Tout forfait peut être dénoncé en cas de succès commercial inespéré, très exactement lorsque l'auteur subit *« un préjudice de plus de sept douzièmes »* (art. L.131-5 du CPI) par rapport à la rémunération qu'il aurait pu escompter selon un régime de rémunération proportionnelle. Emmanuel Pierrat souligne que seule une action judiciaire ouvre à l'auteur lésé la possibilité de demander une révision de sa rémunération. La quantification du préjudice subi est appréciée par les juges, lesquels s'en remettent aux usages de la profession.

Supposons que l'éditeur vous verse 2000 € de forfait pour l'édition d'un roman, et que les ventes réalisées permettent d'estimer à 6000 € les droits d'auteur qui vous seraient revenus à un taux usuel pour le même nombre de ventes. Les cinq douzièmes de 6000 €, soit 2500 €, représentent ce que vous étiez en droit d'attendre du forfait. 2000 €, c'est donc trop peu, et vous pouvez obtenir réparation à hauteur de 500 € minimum.

Quelles rubriques un contrat d'édition doit-il comporter ?

Même s'il s'éloigne du « contrat type »#47, un bon contrat d'édition doit couvrir au moins huit sections.

1 — Détail et étendue de la cession#45
Notification scrupuleuse des droits cédés, supports concernés, étendue dans le temps et dans l'espace.

2 — Remise du manuscrit#66 et corrections#67
Détails pratiques, délais, formats, frais de correction…

3 — Présentation du livre, tirage, vente
Format et présentation des volumes fabriqués, indication du tirage minimum, date de mise en vente et prix public.

4 — Rémunération de l'auteur (droits d'auteur)#52
À-valoir, taux des droits d'auteur (droit primaire et exploitations dérivées), exemplaires sans droits.

5 — Exploitation de l'œuvre
Délais de fabrication et de publication#62, éventuelles réimpressions, critère de « mévente », pilon#75…

6 — Reddition des comptes#72
Fréquence et dates de transmission des comptes d'exploitation à l'auteur.

7 — Droit de préférence#51 *(facultatif)*

8 — Règlement des différends#77

Exemplaires gratuits et exemplaires rachetés, pour quel usage ?

La section du contrat fixant les droits d'auteur doit aussi préciser quels exemplaires ne sont pas pris en compte dans la rémunération, et en quelle quantité.

Les exemplaires dits « sans droits » sont ceux qui échappent à la vente. Le contrat type recense : *a)* les exemplaires destinés au dépôt légal#63 ; *b)* les exemplaires justificatifs d'impression, réimpression et réédition ; *c)* les exemplaires destinés au service de presse, à la promotion et à la publicité (l'auteur est fondé à réclamer la liste des destinataires) ; *d)* les « exemplaires d'auteur » — une trentaine — offerts à ce dernier pour son usage personnel.

RACHAT D'EXEMPLAIRES

Les exemplaires sans droits (y compris les exemplaires d'auteur) ne sont pas exploitables commercialement. L'auteur peut éventuellement acheter des exemplaires supplémentaires à l'éditeur au prix de cession de base avec une remise de l'ordre de 25 à 30 % seulement. Sachant que la part diffusion-distribution#69 n'intervient pas dans ces « ventes directes », ce prix de rachat est scandaleusement élevé. Songez que les soldeurs#75 rachètent les livres au dixième de leur prix ...et les pilonneurs à 0,5 % !

Bien que juridiquement iconoclaste, la pratique consistant à revendre à l'auteur des exemplaires qu'il sera libre de diffuser pour son compte est courante en petite édition. Si l'éditeur est loyal, il pratiquera une remise de 40 à 50 %.

« 0% » : la cession à titre gratuit est-elle licite ?

L'auteur peut-il céder ses droits sans contrepartie pécuniaire ? Si la loi paraît contradictoire, les juges ont tranché contre la spoliation des auteurs.

La cession à titre gratuit est le lieu d'une intense controverse depuis que les éditions L'Harmattan en ont fait leur *modus operandi*. Outre qu'il impose abusivement aux auteurs la fourniture d'une maquette « prête à clicher », cet éditeur a systématisé un contrat fixant les droits d'auteur à « 0 % » sur les 700 ou 1000 premiers exemplaires vendus !

L'Harmattan s'appuie sur l'article L. 122-7 du CPI, qui dispose que « *le droit de représentation et le droit de reproduction sont cessibles à titre gratuit ou à titre onéreux* ». Mais l'article L. 131-4 contrecarre cette alternative : « *La cession par l'auteur de ses droits sur son œuvre [...] doit comporter au profit de l'auteur la participation proportionnelle aux recettes provenant de la vente ou de l'exploitation.* » De surcroît, le régime du contrat d'édition impose soit une rémunération proportionnelle, soit une rémunération forfaitaire (art. L. 132-5), « ce qui s'entend d'un montant non nul » [Paris, 1999]. Le jugement de 1999 a déclaré illicite le « contrat L'Harmattan », mais attention : il est encore pratiqué !

L'éventualité d'une cession gratuite n'est pas pour autant abolie. Elle s'applique sans contradiction lorsque l'œuvre ne fait pas l'objet d'une exploitation commerciale ou s'inscrit dans une opération caritative. Les juristes recommandent de faire établir l'acte de gratuité devant notaire.

Combien touche un traducteur ?

Les traducteurs sont, avec les poètes, les enfants pauvres de la création littéraire. Quelques chiffres.

Le contrat de traduction (lorsqu'il existe!) est semblable au contrat de commande#50. Le *Code des usages* préconise, en traduction littéraire, le versement d'un à-valoir#53 *sur droits d'auteur proportionnels*. Hélas, au bénéfice de l'article L.132-6 du CPI, la rémunération forfaitaire#54 est licite *«à la demande du traducteur»*. Inutile de dire que les traducteurs n'ont pas besoin de la demander! Dans le meilleur des cas, l'éditeur convient d'un à-valoir censé couvrir *x* exemplaires (forfait camouflé) et accorde des droits d'auteur proportionnels en cas de succès explosif. Ces droits oscillent entre 2 et 4%, sauf si l'œuvre traduite est du domaine public (la rémunération est alors un peu plus généreuse).

La précarité des traducteurs a conduit l'Association des traducteurs littéraires de France (ATLF) à publier annuellement une fourchette «acceptable» de rémunérations forfaitaires ramenées au feuillet de 1500 signes (comme les piges journalistiques). Voici l'ordre de grandeur dans l'édition : 20€/feuillet pour la traduction anglais-français, 22€ pour les autres langues, 27€ pour les «thèmes» (traduction à partir du français). En presse écrite et audiovisuelle, la traduction rapporte plus (au moins 30€ le feuillet). La difficulté de la traduction et la notoriété de l'auteur-traducteur permettront parfois de rehausser ces salaires misérables.

■ ***ATLF (www.atlf.org) : 99, rue de Vaugirard, 75006 Paris***

Mon éditeur doit-il me rembourser mes frais ?

Outre l'investissement intellectuel, certains travaux impliquent des frais non négligeables. Y a-t-il le moindre espoir que l'éditeur vous en dédommage ?

Évacuons d'emblée le travail de saisie qui, depuis la généralisation de l'informatique, est assigné à l'auteur avec la bénédiction des syndicats. Il est trop tard pour faire valoir que cette charge, théoriquement assumée par l'éditeur, requiert une indemnité. Au contraire, on réclame désormais aux auteurs de livrer des maquettes clefs-en-main — ce qui met les typographes au chômage et fait passablement chuter la qualité des livres !

Dans la mesure où le défraiement de l'auteur ne concerne que certains types d'ouvrages (enquête de terrain, guide gastronomique), cette situation n'est sérieusement abordée que dans les contrats de commande[#50]. La clause type est de la forme : « L'Éditeur remboursera à l'Auteur, contre remise des justificatifs, les frais qu'il aura engagés pour écrire l'œuvre, à concurrence de … € ».

À moins que l'éditeur avance les frais, deux aspects cruciaux sont : *a)* le délai de remboursement ; *b)* l'indépendance absolue entre le poste « défraiement » et le poste « droits d'auteur ». Ainsi, il va de soi que si le prétendu défraiement est fondu avec votre à-valoir[#53], non seulement il ne vaut plus comme tel, mais encore il devient fiscalement frauduleux. Pour l'inspecteur des impôts, ce n'est pas autre chose qu'un salaire déguisé !

Mon éditeur peut-il me facturer ses frais ?

Attention danger ! Toute imputation de frais à l'auteur tend à dénaturer le contrat d'édition.

Le code des usages précise que les premières épreuves#67 remises à l'auteur doivent avoir été corrigées par un professionnel (aux frais de l'éditeur) mais que les ultimes corrections de l'auteur seraient *à la charge de ce dernier* si elles excédaient 10 % des frais de composition. Cette clause usuelle et parfaitement légale décrit l'unique situation — en dehors de défaillances graves et de litiges — où l'auteur peut se voir contraint d'éponger des frais.

Pourtant, chez les éditeurs malhonnêtes ou gagne-petit, il est de plus en plus fréquent de relever des dispositions « spéciales » imputant à l'auteur des frais de réalisation, de recherche d'agent, de conseil juridique… L'éditeur sournois peut masquer cette retenue abusive derrière une réduction de l'assiette des droits d'auteur : pratiquement invisible à l'auteur profane lisant son contrat d'un œil trop allègre. On a ainsi décelé des clauses abaissant de 25 % l'assiette des droits à titre de « frais pour la réalisation de la couverture, des hors-texte, de la jaquette et de la reliure » !

La jurisprudence rappelle donc que sont illicites : la réduction de l'assiette des droits (restant le prix public du livre), l'imputation de « frais de prospection et d'agent littéraire », la répercussion sur l'auteur d'honoraires d'avocat et, bien sûr, le fameux retranchement des exemplaires de *passe* — anachronisme persistant jusqu'à St-Germain-des-Prés…

Quel est le tirage habituel d'un livre ?

En vingt ans, les chiffres de tirage moyen ont été divisés par 2, 3 ou 4 selon les secteurs.

Trois facteurs ont concouru à la baisse générale des tirages : *a)* l'arrivée de l'impression numérique et du retirage à la demande ; *b)* l'hégémonie du livre-kleenex et du turnover ; *c)* l'intensification de l'office#70, poussant les éditeurs à *titrer plus et tirer moins* pour occuper la vitrine. Abstraction faite de l'édition « de cavalerie », on estime qu'un livre tirant à 10 000 exemplaires au milieu des années quatre-vingt ne serait imprimé qu'à 3 ou 4000 aujourd'hui.

Les valeurs indicatives portées ci-dessous illustrent cette évolution dans certains secteurs. Il faut les comprendre comme des chiffres de premier tirage, hors « phénomènes de foire ». Les chiffres **2004** résultent de l'enquête *Audace*[1], les chiffres **1990** reflètent les statistiques SNE de l'époque. Dans les deux cas, ce sont des valeurs surestimées car fournies par les éditeurs eux-mêmes.

(1) *« Annuaire à l'usage des auteurs cherchant un éditeur »*, cf. **#86**

DOMAINE	tirages 2004[1]	tir. 1990
romans contemporains	3 000	15 000
livres pour la jeunesse	5 000	11 000
livres pratiques	3 000	11 000
essais	4 000	5 500
poésie (éditeurs « de création »)	800	7 000
beaux-livres (art, photo)	5 000	7 000
romans sentimentaux	15 000	30 000

Quels délais pour publier ?

La vie d'un livre est très minutée, mais les éditeurs ne sont pas forcément aussi pressés que les auteurs.

Un bon contrat d'édition devrait porter une clause du genre : « L'éditeur s'engage à publier l'œuvre dans un délai de … à compter de la remise du texte définitif, sauf retard imputable à l'auteur. »

Selon le poussiéreux *Code des usages,* le délai de publication ne doit pas dépasser 18 mois après remise du bon à tirer[#67] : c'est un calcul qui date de la fabrication des livres au plomb ! Aujourd'hui, une machine Cameron crache 3000 exemplaires d'un roman en deux heures. Ne parlons même pas des tirages numériques.

Si le délai de publication n'est pas respecté, l'article L.132-17 du CPI introduit un second délai obligatoire, qualifié de « convenable », après mise en demeure et avant résiliation du contrat. En jouant sur l'addition de ces deux délais, on peut prendre les droits en otages pendant quelques mois, voire années, car il appartient à l'éditeur de déterminer la date de parution la plus commercialement opportune.

Selon la SGDL, le second délai reste *convenable* en-dessous de 3 mois, mais beaucoup de contrats antédiluviens s'octroient encore 12 mois paisibles après la mise en demeure, avec un délai initial théorique de 18 mois… Si l'éditeur tient vraiment à ce confort dans le temps, demandez-lui du confort dans l'à-valoir[#53] !

Le dépôt légal, comment ça marche ?

Trace administrative de toute publication, le dépôt légal s'impose tant aux éditeurs traditionnels qu'aux auteurs-éditeurs. Autant savoir comment s'y prendre.

Instauré en 1537 par François Ier, le dépôt légal est une formalité visant au référencement et au contrôle de toute chose publiée. L'obligation de dépôt concerne aussi bien l'éditeur de livres (en particulier l'autoéditeur) que le publicateur d'imprimés « de toute nature » (brochures, affiches...), à l'exclusion des imprimés de ville, faire-part, etc. Les périodiques font l'objet d'un régime complémentaire prévu par la loi du 29 juillet 1881.

Le préalable au dépôt légal d'un livre est l'obtention d'un numéro d'ISBN#144 auprès de l'Afnil. En dépit du caractère obligatoire et gratuit de cette opération, elle n'est pas toujours facilitée aux auteurs publiant à petit tirage. L'éditeur traditionnel se charge naturellement de cette formalité, qui doit être assurée 48 heures avant la publication.

EN PRATIQUE

Concrètement, le dépôt légal consiste à adresser 1 exemplaire du livre au ministère de l'Intérieur (régie du dépôt légal), 4 exemplaires à la Bibliothèque nationale ou aux bibliothèques municipales habilitées. Si l'ouvrage est destiné à la jeunesse, 5 exemplaires supplémentaires seront remis au ministère de la Justice. À tous ces envois, vous joindrez, dûment renseigné, un formulaire Cerfa 10 069-03

cerfa

N° 10069*03

Réservé à l'administration
N° d'enregistrement

BIBLIOTHÈQUE NATIONALE DE FRANCE

**DÉCLARATION DE DÉPÔT LEGAL ÉDITEUR LIVRES
ET AUTRES DOCUMENTS NON PÉRIODIQUES**
(Loi n° 92-546 du 20 juin 1992 - Décret n° 93-1429 du 31 décembre 1993)
(arrêtés du 15 janvier 1995)

Identification du déposant

Nom (ou raison sociale) et adresse :
Téléphone :
Télécopie :

A :

Le :

Signature du déposant :

cachet du déposant

La loi N° 78-17 du 6 janvier 1978 relative à l'informatique, aux fichiers et aux libertés s'applique aux données nominatives portées sur ce formulaire. Elle garantit un droit d'accès et de rectification pour ces données auprès de la Bibliothèque Nationale de France

Lieu de dépôt

République Française
Ministère chargé de la **CULTURE**

BIBLIOTHÈQUE NATIONALE DE FRANCE
SERVICE DU DÉPÔT LÉGAL
SECTION LIVRES
Quai François Mauriac, 75706 PARIS CEDEX 13
Téléphone : 01 53 79 43 37 - Télécopie : 01 53 79 45 60

Le dépôt est également obligatoire au ministère de l'Intérieur (1 exemplaire)

Descriptif du document déposé
Dépôt obligatoire en 4 exemplaires (en 1 exemplaire si le tirage est inférieur à 300 exemplaires)

Numéro international normalisé (**ISBN**) :

Nom, prénoms et date de naissance des **auteurs** (auteur principal, traducteur, adaptateur, illustrateur etc) :

Pseudonymes (s'il y a lieu) :

Titre du document : (Préciser le titre original s'il s'agit d'une traduction) :

Titre de la **collection** :

ISSN de la collection : Numéro dans cette collection :

Caractère de l'**édition** : ☐ nouveauté ☐ nouvelle édition Format en cm :

Nombre de pages : ☐ broché ☐ relié

Nom (ou raison sociale) et adresse de l'**imprimeur** :

Nom (ou raison sociale) et adresse du **dernier façonnier** :

Prix de vente au public (francs et euros) : **Date** de mise à disposition du public :

Chiffre déclaré du **tirage** : Nombre d'**exemplaires déposés** :

ou 10784-02 pour le ministère de l'Intérieur, téléchargeables sur le Net (v. ci-dessous). L'expédition est gratuite : portez sur l'enveloppe la mention : « Franchise Postale — Loi du 20/06/1992 ».

Bibliothèque nationale de France (BNF) — lien direct « dépôt légal » :
www.bnf.fr/pages/infopro/depotleg/depotleg.htm

Ministère de l'Intérieur — formulaires Cerfa :
www.interieur.gouv.fr/rubriques/b/b2_vos_demarches

Œuvre de collaboration, quel contrat adopter ?

Les principes du contrat d'édition (un auteur, un éditeur) ne sont pas profondément modifiés lorsque plusieurs coauteurs collaborent.

Si votre contrat porte sur une œuvre de collaboration#36, par exemple un album de bande dessinée, la participation se distribue sur plusieurs coauteurs. Pour rassembler l'acte de cession en une seule pièce, les parties du contrat restent l'Éditeur et l'Auteur, ce dernier terme désignant alors les coauteurs réunis. Cela permet de définir globalement les paramètres de cession, exploitation, droits d'auteur, etc., en y ajoutant une clause de répartition des droits. En bandes dessinées on trouvera assez souvent, à notoriété égale, 60 % pour le dessinateur et 40 % pour le scénariste (fractions calculées sur les droits d'auteur#52).

Un point important du contrat examine les engagements solidaires des coauteurs. L'article L. 113-3 du CPI pose notamment que *« les coauteurs doivent exercer leurs droits d'un commun accord »* mais que, *« lorsque la participation de chacun des coauteurs relève de genres différents, chacun peut, sauf convention contraire, exploiter séparément sa contribution personnelle, sans toutefois porter préjudice à l'exploitation de l'œuvre commune »*.

Ainsi, le contrat s'opposera à l'utilisation séparée des textes et dessins édités, mais n'exclura pas l'exploitation isolée de droits dérivés, tels l'image du personnage pour un jouet.

Sous quels délais faut-il livrer son manuscrit ?

Les conditions contractuelles portant sur la « remise du manuscrit » sont négociables, mais le respect du délai reste une obligation essentielle de l'auteur.

Le contrat d'édition peut naître d'une commande#50 (« *300 feuillets sur la gastronomie birmane* ») ou de l'acceptation d'un manuscrit partiel ou synoptique (démarchage « à l'américaine »#84). L'éditeur peut aussi avoir négocié avec l'auteur certaines retouches ou réécritures.

Là entre en scène l'article L. 132-9 du CPI : « *L'auteur doit mettre l'éditeur en mesure de fabriquer et de diffuser les exemplaires de l'œuvre. Il doit remettre à l'éditeur,* ***dans le délai prévu au contrat,*** *l'objet de l'édition en une forme qui permette la fabrication normale.* » Le contrat doit donc expliciter la date précise de remise du manuscrit *complet* ainsi que des documents annexes (illustrations, tables, etc.). À défaut, les juges se fondent sur des délais d'usage de l'ordre de quelques mois.

Les auteurs retardataires bénéficient d'une relative indulgence judiciaire : les tribunaux ont toléré des sursis de 9 mois, voire un an [Paris, 1996], sur le calendrier contractuel. Cependant, lorsque la parution est liée à une actualité brûlante (livre anniversaire, etc.), l'auteur a intérêt à démontrer le cas de force majeure pour échapper à la sanction. L'éditeur prévoyant peut ajouter une clause expresse conditionnant le contrat au respect du planning, voire une clause pénale forçant l'auteur à l'indemniser…

Sous quelles formes remettre son manuscrit ?

Le manuscrit est l'objet matériel permettant la fabrication de l'ouvrage. Il n'a qu'un très lointain rapport avec le manuscrit « étymologique »...

Outre la date de remise du manuscrit par l'auteur#65, un bon contrat doit examiner :

— les critères « formels » caractérisant ledit manuscrit : dactylographié au recto, folioté, calibré à *x* feuillets, « soigneusement revu et mis au point pour l'impression, de façon à réduire au minimum les frais de correction » ;

— les conditions de restitution des documents originaux (généralement : « après parution et sur demande de l'auteur », sachant toutefois que « les clichés réalisés aux frais de l'éditeur restent la propriété de ce dernier »).

FORME ET FORMATS

Si l'éditeur, téméraire, ne mentionne aucune condition quant à la présentation du document, l'auteur n'est tenu que de livrer un manuscrit « lisible », donc pas forcément tapé à la machine ! Reste que le manuscrit étymologique n'a plus cours dans les cuisines de l'édition, on lui préfère de très loin le « tapuscrit »#121.

De plus en plus de contrats exigent aussi, au moment de l'épreuvage#67, la fourniture du texte sur disquette, CD-Rom ou clé USB, sinon son expédition par courriel. Cette injonction est abusive si elle conditionne le contrat, mais la participation de l'auteur à la saisie ou à la composition est généralement, hélas, sans contrepartie#59.

Le contrat doit lister exhaustivement les hors-texte attendus par l'éditeur : préface, bibliographie, cartes, index... S'ils comportent des éléments graphiques (illustrations ou autres), l'auteur est appelé à participer à la recherche iconographique et validera le choix et l'emplacement des images dans l'ouvrage. À ce sujet, il s'assurera que l'éditeur « ne mette pas à sa charge les droits à verser aux illustrateurs et photographes qu'il a choisis[1] ».

(1) « Modalités de remise du manuscrit », E. Pierrat, in *Ecrire&Editer* n° 41, déc. 2002

PROPRIÉTÉ DU MANUSCRIT

L'article L.132-9 du CPI spécifie que « *sauf convention contraire ou impossibilités d'ordre technique, l'objet de l'édition fournie par l'auteur reste la propriété de celui-ci. L'éditeur en sera responsable pendant le délai d'un an après l'achèvement de la fabrication* ». L'auteur est donc en droit d'en réclamer la restitution, bien que les éditeurs et organes de presse soient nombreux à se prémunir par cet avertissement ubiquiste : « *les manuscrits ne sont pas retournés* ». La jurisprudence est ambivalente quant à la validité de cette « convention contraire » portée hors des contrats.

À toutes fins utiles, si votre manuscrit original est d'un artisanat poussé, demandez que votre contrat porte confirmation que « le manuscrit demeure la propriété de l'auteur ».

Les usages et la prudence vous invitent à demander un récépissé à l'éditeur lors de la remise du document. Si l'intendance vous répond qu'elle n'a pas de formulaire prévu à cet effet, prévoyez un récépissé type (« *Reçu ce jour de M. ... le manuscrit intitulé ... dont il est l'auteur* ») qu'il n'y aura plus qu'à faire dater, signer et tamponner chez l'éditeur. Il n'est jamais inutile, après la livraison, de confirmer l'opération par un courrier récapitulatif à l'éditeur.

VOIR AUSSI

#84 Stratégies de démarchage

Épreuves et bon à tirer : quel est le scénario général ?

La correction d'épreuves est une étape cruciale dans le processus éditorial puisque qu'elle débouche sur l'ultime validation de l'auteur avant la fabrication du livre : le bon à tirer (BAT).

Un jeu d'épreuves est un tirage papier de l'œuvre après saisie/correction et avant fabrication. L'éditeur émet au moins un jeu d'épreuves qu'il soumet à l'auteur. Pour certains ouvrages élaborés, on peut négocier plusieurs jeux d'épreuves avant l'ultime, qui sera revêtu du bon à tirer (BAT) de l'auteur, c'est-à-dire de la « signature validante » exprimant son accord formel pour le clichage et la fabrication de l'ouvrage.

Le BAT consiste théoriquement en un paraphe page à page, avec la mention *« bon pour publication »* en dernière page. C'est un formalisme crucial, car l'éditeur n'a pas le droit de procéder à la publication sans BAT. Le non-respect des indications d'auteur portées sur le BAT est une faute grave qui peut être sanctionnée par les tribunaux.

UN PEU DE CORRECTION !

Le contrat doit indiquer, outre le délai de remise du BAT, les modalités de gestion des situations à problème : corrections trop importantes de l'auteur, dépassement des délais[#62, #65].

SCÉNARIO GÉNÉRAL

1 REMISE DU MANUSCRIT
L'auteur remet son manuscrit (soigneusement relu et corrigé) à la date convenue dans le contrat.

→

2 ÉPREUVAGE
L'éditeur fait réaliser à ses frais la composition typographique et les corrections par un professionnel, puis envoie les épreuves à l'auteur.

↓

3 BON A TIRER
L'auteur relit sur épreuves, apporte d'ultimes corrections (mineures!) et les retourne à l'éditeur assorties du BAT, dans le délai prévu au contrat.

←

4 PUBLICATION
L'éditeur publie le livre dans le délai prévu au contrat : dépôt légal, publicité, envoi aux diffuseurs, etc.

Le *Code des usages* appuie les principes suivants, repris dans les contrats types :

— sur les épreuves, l'auteur peut corriger[#136] son texte (c'est-à-dire les mots, le style, la langue…), mais si ces corrections dites « d'auteur » impliquent des frais dépassant 10 % des frais de composition, le surcoût est à la charge de l'auteur (on a vu quelques éditeurs mesquins descendre ce seuil à 5 %…);

— accessoirement, l'auteur corrigera aussi les coquilles typographiques qui auront échappé à l'attention du premier correcteur professionnel : ces corrections typographiques ne sont pas comptées en corrections d'auteur;

— si l'auteur demande de nouvelles modifications de texte (ou d'illustration) après avoir délivré son BAT, les frais relatifs à ces modifications sont à sa charge, « sauf si elles sont motivées par des événements imprévus »;

— si l'auteur ne respecte pas les délais convenus pour délivrer le BAT, l'éditeur peut faire corriger les épreuves par un tiers… aux frais de l'auteur.

Rappelons enfin cette stipulation de l'article L.132-11 du CPI : l'éditeur « *ne peut, sans autorisation écrite de l'auteur, apporter à l'œuvre aucune modification* ». Il doit aussi, « *sauf convention contraire, faire figurer sur chacun des exemplaires le nom, le pseudonyme ou la marque de l'auteur* ».

L'auteur décide-t-il du titre de son livre ?

Quel titre apparaîtra sur la couverture flamboyante de votre roman ? Rarement celui que vous aviez choisi au départ, et il vaut mieux s'y faire...

Le choix du titre résume à lui seul tout le problème du « transfert de monopole » opéré par le contrat d'édition. D'un côté, le CPI pose un principe assez solennel selon lequel le titre d'une œuvre *« est protégé comme l'œuvre elle-même »* (art. L.112-4). L'auteur pourrait donc considérer qu'il exerce sur le titre de son œuvre l'autorité qu'on lui reconnaît sur l'ensemble de sa création.

D'un autre côté, le contrat confère à l'éditeur le privilège exclusif d'exploiter l'ouvrage et lui impose de le faire dans des conditions optimales. En sa qualité de professionnel, il est tenu d'assurer à la commercialisation les meilleures chances de succès. Or, nul ne contestera que le titre d'un livre est un élément commercial déterminant.

En principe, l'éditeur est mieux placé que l'auteur pour juger, non seulement de l'originalité du titre, mais aussi de sa pertinence et de son impact probable sur le marché. Il s'ensuit que le cessionnaire, tout comme il fixe les paramètres liés à l'exploitation, décidera le cas échéant de modifier le titre proposé initialement par l'auteur. C'est pourquoi le contrat mentionne un titre « provisoire ». Le titre définitif est toutefois débattu avec l'auteur !

Quels sont les rouages de la diffusion / distribution ?

La diffusion et la distribution sont les deux mamelles de l'exploitation commerciale d'un livre. Les auteurs méconnaissent ces deux métiers, tandis que les éditeurs les subissent.

De même que l'œuvre de l'auteur n'est pas imprimée sans le concours de l'éditeur, l'ouvrage fabriqué par ce dernier n'est pas « routé » jusqu'aux librairies sans l'interface d'un diffuseur et d'un distributeur. Le diffuseur est le chaînon commercial (il persuade le libraire de passer commande), le distributeur est le chaînon logistique (il gère la paperasse et l'acheminement des produits).

UNE STRUCTURE CONCENTRATIONNAIRE

Les grands groupes de presse et d'édition possèdent leurs propres quartiers de diffusion et/ou distribution. Ils prennent sous leur coupe quelques éditeurs filialisés en leur imposant des conditions discrétionnaires (surtaxes, remises obligatoires, etc.). L'intégration verticale des métiers au sein des groupes a pour effet une concentration irréversible des monopoles.

À côté des mastodontes de l'édition / diffusion / distribution orbitent quelques modèles de survie parallèle : des éditeurs-diffuseurs à rayonnement régional (tels Actes Sud), des diffuseurs / distributeurs « indépendants » misant sur un catalogue très identitaire (tels Harmonia Mundi, diffusant une cinquantaine d'éditeurs), ou même des « comptoirs de ...

vente» localisés, permettant par exemple à des éditeurs régionaux de se ménager une microdiffusion parisienne.

REMISES ET MARGES

La chaîne du livre fonctionne de A à Z sur le principe de la commission (tous les pourcentages indiqués ci-dessous s'appliquent au prix public du livre hors TVA) :

— le libraire achète l'ouvrage moyennant une remise d'environ 35 % (selon des sources concordantes, la Fnac ne prendrait rien sous 40 %).

— le distributeur achemine le livre aux libraires en dégageant 11 à 12 % de marge;

— le diffuseur se commissionne, lui, entre 7 et 10 %.

Au total, la diffusion/distribution dégage une marge moyenne de 20 %, ce qui, du point de vue de l'éditeur, correspond à une remise de 20 + 35 = 55 %! Ces 55 % représentent le «poids» moyen de la commercialisation. Avec les 45 % résiduels, l'éditeur doit payer ses charges, ses salariés, la pub, l'imprimeur (18 %) et... l'auteur (8 %). La marge qu'il peut extraire se situe probablement entre 12 et 15 %.

LES PARTS DU LIVRE
(en pourcentages du prix HT)

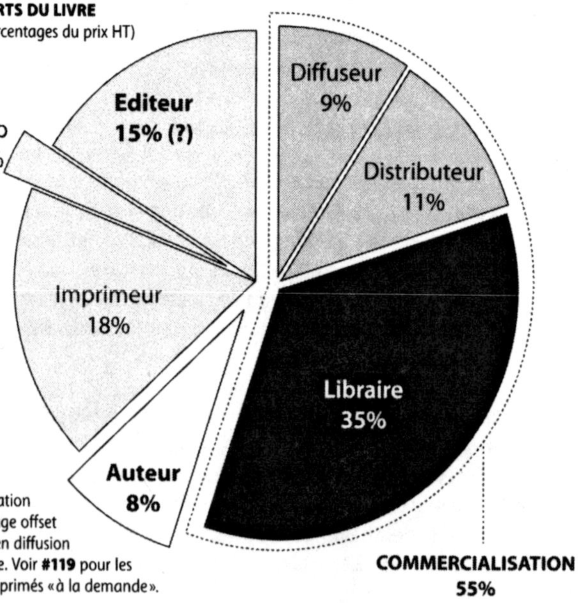

Ces chiffres moyens reflètent l'exploitation d'un tirage offset (**#139**) en diffusion classique. Voir **#119** pour les livres imprimés «à la demande».

Qu'est-ce que l'office ?

La surproduction et le turn-over endiablé ont rendu le travail du diffuseur assez surréaliste. Le système pervers de l'office achève de saturer le réseau.

Lorsqu'un diffuseur envoie son représentant faire la tournée des libraires, il sait qu'un délai de vingt minutes en moyenne lui sera accordé pour faire la réclame d'un catalogue comportant des centaines de livres. S'il devait défendre tous les titres, le commercial disposerait pour chacun d'une fraction de seconde. Ainsi, la mécanique de la diffusion se concentre sur les ouvrages dits « prévendus » : grandes signatures, livres événements et opérations promotionnelles. Ce travail n'a un sens qu'avant parution : les « notés » — commandes *a priori* — se concluent sur des ouvrages qui ne sont pas encore écrits.

Plus radical est l'office, qui consiste en un « abonnement » automatique aux nouveautés d'un éditeur. Comme les libraires ne peuvent tourner le dos à l'actualité brûlante de l'édition, ils acceptent les « grilles d'office » imposées par les gros poissons à des conditions et taux peu négociables. L'office charrie la « cavalerie », c'est-à-dire une profusion de livres produits par l'éditeur dans le seul intérêt d'occuper l'espace de vente et de gonfler temporairement la facture. L'office crée en effet une trésorerie provisoire sur le dos des libraires asphyxiés, jusqu'au retour (massif) des invendus. L'éditeur connaît quelques mois plus tard le chiffre désastreux des ventes effectives ...mais il a déjà lancé une autre cavalerie pour renflouer ses caisses.

Quelles sont les clauses sensibles d'un contrat de diffusion ?

La diffusion est une prestation de service régie par contrat. Les parties (éditeur, diffuseur) y fixent les modalités de commercialisation et de distribution.

Par le contrat de diffusion, l'éditeur *confie* au diffuseur la commercialisation de tout ou partie de son catalogue. Les «forces de vente» du diffuseur se chargent de placer les ouvrages dans un réseau fidélisé de librairies et revendeurs, d'organiser la promotion de certains titres en partenariat avec l'éditeur. Le service couvre aussi l'intendance, la gestion des commandes et l'expédition, c'est-à-dire la distribution (éventuellement sous-traitée).

De même que le contrat d'édition#41 est semé de chausse-trapes pour l'auteur, le contrat de diffusion peut réserver quelques pièges au jeune éditeur :

EXCLUSIVITÉ — Le diffuseur recherche souvent l'exclusivité, ce qui interdit à l'éditeur de prospecter ou de gérer des ventes directes (salon du livre, Internet). On tentera de limiter la concession et en particulier sa territorialité : en cas de diffusion supranationale, l'éditeur a tout intérêt à négocier directement avec le diffuseur étranger (il réduit les marges intermédiaires).

COMMERCIALISATION — Le diffuseur rechigne à détailler ses obligations en matière de commercialisation. Les clauses types («visite des points de vente, information des libraires, mise en place et réapprovisionnement...» ou «envoi d'office selon la grille du diffuseur») manquent cruellement d'indications chiffrées. L'éditeur devrait négocier un avenant au contrat précisant : le nombre de librairies visitées (premier, second niveau et hypers), la fréquence des visites, le nombre de représentants constituant la force de vente, le nombre d'exemplaires par nouveauté dans la grille d'office.

ACTIONS PROMOTIONNELLES — Un usage établi tend à mettre à la charge de l'éditeur le coût des actions promotionnelles « déterminées avec lui ». Et le contrat esquive soigneusement le contenu des actions promotionnelles à l'initiative du diffuseur, ce qui revient à l'en décharger.

ÉTAT DES VENTES — Le diffuseur communique mensuellement à l'éditeur un état (quantités vendues, retours, ventes nettes et stock résiduel). Cependant, il met tout son art à rendre ces tableaux abscons. Avant de signer, l'éditeur s'en fera remettre un modèle pour s'initier à leur décryptage. C'est en effet à partir de l'état des ventes que l'éditeur établit sa facture au diffuseur (payée par traite à échéance de 60 ou 90 jours).

RÉMUNÉRATION — Pour l'ensemble de ses services, le diffuseur retient environ 55 % du prix public HT sur chaque exemplaire vendu[#69] (sachant que le libraire bénéficie d'une remise de 30 à 40 %). La tendance est à gonfler ce pourcentage, et en particulier à s'allouer des points de pénalité lorsque les retours dépassent un seuil fixé dans le contrat. L'éditeur doit évidemment négocier au plus bas. Pour certains types d'ouvrage très coûteux à distribuer, le taux peut grimper jusqu'à 65 % : il faut refuser de l'uniformiser sur l'ensemble du catalogue.

APPROVISIONNEMENT Un libraire se fournit en livres de trois façons : l'office, la commande en compte ferme, le dépôt. Ces systèmes diffèrent par le taux de remise accordé, le délai de paiement et la capacité de retour des invendus.

COMMANDE La « commande fournisseur » est un engagement d'achat du libraire auprès du diffuseur. La « commande client » est celle que passe le client du libraire.

COMPTE FERME Achat sans possibilité de retour.

DÉPÔT Exemplaire(s) confié(s) au libraire et dont le règlement ne sera effectué qu'après déduction des invendus.

DUCROIRE Un diffuseur s'engage à régler l'éditeur qu'il représente même si le libraire ne paie pas. Cette garantie est appelée un ducroire.

GROSSISTE Intermédiaire entre le distributeur et le libraire (détaillant).

MARGE (BRUTE) Du point de vue d'un intermédiaire, différence entre prix de vente et prix de revient (en %).

MISE EN PLACE Nombre d'exemplaires envoyés aux libraires et points de vente.

RÉASSORT Nouvelle commande auprès du distributeur (ou de l'éditeur) pour réapprovisionner en exemplaires un titre qui marche.

REMISE Réduction exprimée en % du prix de vente.

RETOUR Dans le cadre de l'office ou de services particuliers, le libraire est autorisé à retourner les invendus. Le montant des retours lui est crédité.

VENTES NETTES La formule *mise en place + réassorts – retours* donne le nombre de ventes nettes.

Comment contrôler les tirages et les ventes ?

Le CPI insiste sur le caractère impératif et rigoureux de la reddition des comptes. L'auteur doit pouvoir contrôler régulièrement la situation de l'exploitation.

Principe : *« L'éditeur est tenu de rendre compte. L'auteur pourra, à défaut de modalités spéciales prévues au contrat, exiger au moins une fois l'an la production par l'éditeur d'un état mentionnant le nombre d'exemplaires fabriqués en cours d'exercice et précisant la date et l'importance des tirages et le nombre des exemplaires en stock [...] »* (CPI, art. L.132-13)

Outre le tirage et le volume en stock, l'état doit mentionner le nombre d'exemplaires vendus, celui des exemplaires détruits, ainsi que le montant des droits d'auteur. Sur le contrat figure la date de l'arrêté des comptes (en général le 31 décembre, date de clôture de l'exercice) et le délai de règlement : 4 mois au maximum, selon les syndicats.

Si l'éditeur fait de la rétention d'information, l'auteur adressera au service comptabilité une demande de reddition des comptes aussi officielle que nécessaire. Si elle est vaine, on s'adressera directement à la régie du dépôt légal#63. En se prévalant de l'article 44 du décret de 1993 sur le dépôt légal, l'auteur a accès sans condition aux données fournies par les « déposants » (l'éditeur, l'imprimeur) pour chaque nouvelle publication **ou réédition**. Parmi ces données figure automatiquement le chiffre du tirage. Quant à l'arrêté des comptes et au versement des droits, il faudra y contraindre l'éditeur récalcitrant par voie d'avocat !

À quoi sert l'Agessa ?

Fondée en 1977 par le triumvirat SACD / Sacem / SGDL, l'Agessa est l'organisation-passerelle gérant la couverture sociale des auteurs.

Placée sous tutelle du ministère du Travail et du ministère de la Culture, l'Association pour la gestion de la sécurité sociale des auteurs est l'organisme agréé qui assure le recouvrement des cotisations sociales des auteurs.

L'association souligne qu'elle n'est pas une caisse de sécurité sociale : elle est missionnée par la Sécu pour gérer, dans le secteur de la création littéraire, dramatique, musicale, audiovisuelle et photographique[1], le régime des artistes auteurs, branche du régime général des salariés.

(1) L'homologue de l'Agessa dans le domaine des arts plastiques est la Maison des artistes *(maisondesartistes.org)*

L'Agessa est une interface entre les auteurs et les caisses primaires d'assurance maladie chargée de contrôler les conditions d'affiliation, les prestations, et de délivrer la carte d'assuré. L'éditeur prélève *obligatoirement* sur les droits d'auteur les cotisations (assurance maladie-veuvage, CSG, CRDS) qu'il reverse à l'Agessa, assorties d'une déclaration formelle. Les subtilités de cet échiquier administratif sont expliquées sur l'excellent site Web de l'organisme. Les auteurs « indépendants » y trouveront notamment un bordereau simplifié de déclaration de droits d'auteur#120.

Agessa (www.agessa.org) : 21 bis, rue de Bruxelles, 75 009 Paris

Comment se libérer d'un éditeur « dormant » ?

L'éditeur est tenu à une *exploitation permanente et suivie* des droits cédés. La résiliation du contrat peut être obtenue quand cesse tout effort commercial.

Se délier d'un éditeur et reprendre ses droits malgré un contrat « ad vitam » est un problème courant pour l'écrivain délaissé. La reddition des comptes#72 fournit les premiers indicateurs d'une exploitation en sommeil, mais il s'est déjà trouvé qu'un éditeur falsifie les comptes pour masquer à l'auteur une diffusion inexistante (en l'occurrence, une expertise a levé l'artifice).

D'ordinaire, c'est le pilon#75 qui marque la rupture automatique du contrat liant l'auteur et l'éditeur (art. L.132-17 du CPI). Mais, de surcroît, « *la résiliation a lieu de plein droit lorsque, sur mise en demeure de l'auteur lui impartissant un délai convenable, l'éditeur n'a pas procédé à la publication de l'œuvre ou, en cas d'épuisement, à sa réédition* ».

Un livre est dit épuisé si deux demandes de livraisons d'exemplaires adressées à l'éditeur ne sont pas satisfaites dans les trois mois. En pratique, il est facile à l'auteur de passer ou de faire passer commande par son libraire et d'apprécier la réaction… Si l'éditeur ne peut assurer le réapprovisionnement et la diffusion#69, le contrat est aisément résiliable. Par ailleurs, la plupart des éditeurs acceptent, sous l'effet d'une mise en demeure par courrier, de rétrocéder ses droits à l'auteur lorsque le titre n'est plus au catalogue.

Mévente, solde, pilon : comment finit un livre ?

Le sort d'un livre qui ne marche plus est tristement matériel : que faire de ces monceaux de papier?

Une clause du contrat d'édition#41 devrait, en principe, définir précisément ce qu'il faut entendre par *mévente*, car ce terme n'est pas régi par la loi. Selon les tirages, mais aussi selon le type d'ouvrage (exploitation très courte ou au contraire diffusion étalée), la mévente correspond à des délais et à des quantités très variables.

En littérature générale, les contrats invoquent souvent la mévente « lorsque 5 ans après la mise en vente, la vente annuelle est inférieure à 5 % des volumes en stock... ».

Plus généralement, la SGDL recommande une clause de cette forme : « En cas de mévente, c'est-à-dire lorsque ... ans après la mise en vente, la vente annuelle sera inférieure à ... % des volumes en stock, l'éditeur aura le droit, après avoir prévenu l'auteur par lettre recommandée avec AR deux mois à l'avance, de liquider le stock en tout ou partie, par les moyens indiqués ci-après... »

LIQUIDATION TOTALE OU PARTIELLE

Il s'agit alors de distinguer deux options radicalement distinctes : la liquidation totale et la liquidation partielle (*liquidation* signifiant soit mise en solde, soit pilonnage).

...

— Dans le cas d'une liquidation totale, le compte de l'auteur est soldé et il reprend tous ses droits d'exploitation (le contrat prend fin, conformément à l'article L.132-17 du CPI).

— Dans le cas d'une liquidation partielle, le contrat se poursuit car il reste des exemplaires en exploitation.

PILON ET FACULTÉ DE RACHAT

Contrairement à ce que l'on voit souvent sur le terrain, aucune des opérations précédentes ne devrait être menée sous l'autorité discrétionnaire de l'éditeur sans que l'auteur puisse agir.

Première difficulté : si la mévente est définie en termes vagues, du genre «quand l'éditeur jugera que...», l'auteur n'a aucun moyen de contrôler numériquement la légitimité du processus de liquidation. Il est pourtant en droit d'obtenir les conditions précises d'une liquidation totale, avec faculté de rachat des exemplaires. Le *Code des usages* ajoute que le pilonnage doit être notifié à l'auteur par un certificat précisant la date du pilon et le nombre d'exemplaires détruits.

Deuxième point, malheureux, la liquidation partielle est très peu formalisée dans les contrats : on y tolère que l'éditeur décide, au jugé, de l'opportunité de dégraisser le stock tant qu'il peut assurer les quelques commandes devenues rarissimes.

Mais lorsque la liquidation, totale ou partielle, est envisagée par l'éditeur, il doit en aviser l'auteur et lui accorder un délai pour apprécier l'éventualité de racheter le stock. Le contrat type requiert un avis par lettre recommandée à chaque étape de ces processus, mais la réalité s'éloigne parfois de la théorie.

Si l'auteur opte pour un rachat, les possibilités d'exploiter commercialement le stock récupéré sont limitées et, si possible, contractuelles. Au minimum, il conviendra de gommer le nom de l'éditeur de la couverture. Si l'auteur remet des exemplaires en circulation «sauvage», il risque des poursuites pour (auto)contrefaçon#30!

À quoi s'attendre en cas de faillite de l'éditeur ?

L'éditeur en faillite va promptement s'évaporer dans la nature pour redémarrer ailleurs. Les auteurs doivent s'attendre à rester sur le carreau.

L'article L.132-15 du CPI dispose que *«le redressement judiciaire de l'éditeur n'entraîne pas la résiliation du contrat»*, bien que l'auteur puisse la demander si la liquidation judiciaire est prononcée, ou si l'entreprise a cessé toute activité depuis plus de trois mois. En cas de rachat, l'acquéreur endosse les obligations du cédant et doit donc poursuivre le contrat avec l'auteur.

La loi ajoute que *«le liquidateur judiciaire ne peut procéder à la vente en solde des exemplaires [...] que quinze jours après avoir prévenu l'auteur de son intention par lettre recommandée»*, ce dernier disposant d'un droit de préemption. Dans les faits, rares sont les liquidateurs qui respectent cette disposition : ils ignorent les spécificités du droit d'auteur.

En pratique, inutile de vous aventurer dans un procès avec l'espoir de récupérer des droits : vous engraisseriez des avocats pour rien. En la circonstance d'une liquidation, le tour de l'auteur créancier[1] vient après celui des salariés, de l'Urssaf et du fisc. Autant dire qu'il ne vient jamais. Le mieux est donc de demander la résiliation du contrat et d'aller voir ailleurs.

(1) S'il est édité «à compte d'auteur», l'auteur déchoit même au rang de créancier «chirographaire», c'est-à-dire qu'il sera(it) remboursé en dernier lieu, après les prioritaires et les fournisseurs !

Comment gérer un litige avec son éditeur ?

Le torchon brûle avec votre éditeur. Faut-il l'assigner ?

Le contrat d'édition est trop lapidaire sur la question des litiges. Il se borne à préconiser un processus de conciliation en désignant les arbitres qualifiés d'un éventuel différend. Si le conflit doit néanmoins conduire à une procédure civile, c'est l'éditeur qui décidera de la juridiction compétente et, bien entendu, il s'attribuera son département.

Trois motifs de contentieux reviennent : 1) reddition des comptes ou versement des droits défectueux ; 2) promotion ou exploitation déficiente ; 3) liquidation en catastrophe (pilonnage abusif, prix de rachat du stock prohibitif...).

Si vous êtes sûr de votre fait et appuyez vos griefs sur des preuves solides, la procédure civile est envisageable. Le plaignant obtient facilement réparation en cas de manquements manifestes aux obligations contractuelles. Mais il doit être méticuleux, patient et assez fortuné pour avancer les frais d'avocat.

Un procès gagné débouche en général sur la résiliation du contrat et/ou des dommages-intérêts, puis le remboursement des frais d'avocat. La procédure dure de un à trois ans en première instance, mais si elle dégénère en appel, l'affaire peut traîner encore quelques années. Signalons enfin que c'est au demandeur victorieux de faire exécuter le jugement par un huissier, ce qui allonge encore de quelques mois la réparation du préjudice.

L'auteur refusé va-t-il récupérer son manuscrit ?

L'usage étant pour le moins fluctuant, la récupération des manuscrits « recalés » est parfois fort hasardeuse.

La chasse au gaspi ayant ravagé les traditions les mieux enracinées, 80 % des maisons d'édition ne renvoient plus à leurs frais les *manuscrits sauvages.* Ainsi, le pourvoyeur de matière première, l'auteur, paie deux fois les frais d'expédition. Les éditeurs ont hélas la loi pour eux. Une doctrine jusqu'auboutiste considère que toute correspondance appartient matériellement à son destinataire, de telle sorte que l'éditeur serait déchargé de tout engagement de conservation. La voie médiane s'appuie sur un jugement de 1923 disposant que « les manuscrits reçus et non publiés doivent normalement être restitués à l'auteur …sauf clause contraire », principe confirmé par le CPI. Les éditeurs se sont donc empressés de prêcher la clause contraire : *« les manuscrits ne sont pas retournés »* …ou alors en échange d'une enveloppe préaffranchie.

Aujourd'hui, il est bien établi que l'éditeur est au moins tenu de conserver le manuscrit à disposition de l'auteur[1] durant un délai convenable. La solution optimale est de venir le chercher dans les bureaux… Et sans tarder ! car les manuscrits « malencontreusement égarés » (entendez : *poubellisés*) sont légion. Il arrive aussi que les frais de retour soient exorbitants, certains éditeurs ne se privant pas de « facturer » un prétendu service de gestion ! Pratique quasi frauduleuse mais jamais dénoncée.

(1) L'annuaire *Audace* (v. #86) signale pour chaque éditeur les modalités de récupération prévues.

La microédition sans contrat est-elle viable ?

Le contrat non écrit n'existe pas aux yeux du législateur. Pourtant, les conventions « verbales et morales » restent monnaie courante en microédition.

Bien que le CPI prêche la nécessité d'un contrat *« constaté par écrit »* (art. L.131-2) et malgré les mises en garde[#41] que nous formulons quant au contrat verbal, la publication sans contrat, reposant sur un accord tacite avec l'auteur, se montre persistante chez les microéditeurs.

Du fait de son infime degré d'industrialisation, l'édition de poésie est le terrain privilégié de ces pactes de confiance, par lesquels l'auteur confie son recueil à un éditeur qui se charge d'en exploiter un petit tirage en échange d'une rémunération symbolique (consistant le plus souvent en une cinquantaine d'exemplaires gratuits).

Le contrat moral soulèvera des difficultés en cas de litige, soit que l'auteur veuille recouvrer son droit privatif, soit que l'éditeur se révèle défaillant. À défaut d'écrit, les articles 1341 à 1348 du *Code civil* s'appliquent, relatifs à la propriété des biens et aux engagements réciproques pouvant naître sans convention. Les articles 1371 à 1381 du même code examinent les obligations implicites nées de *quasi-contrats,* faits volontaires engageant mutuellement des personnes. L'auteur lésé peut invoquer l'article 1372, assimilant son éditeur à un mandataire *de facto* et l'obligeant à *« continuer la gestion qu'il a commencée »* et à *« se charger de toutes les dépendances de l'affaire »*. Difficile d'être plus flou !

Comment rééditer un livre ?

Refonte, actualisation ou simple dépoussiérage, la réédition présente diverses facettes qu'il importe de maîtriser avant de caler les presses...

La mise à jour d'un ouvrage exige l'accord formel de son auteur. Fidèle à l'article L.132-11 du CPI (qui interdit à l'éditeur de modifier l'œuvre sans autorisation écrite de l'auteur), la jurisprudence dénonce les rééditions intempestives résultant d'une initiative unilatérale de l'éditeur, à moins qu'elle ne vise à corriger des erreurs flagrantes.

DE LA MISE À JOUR À LA REFONTE

D'un autre côté, l'auteur doit garantir à l'éditeur des conditions d'exploitation « paisibles ». Si la prospérité de l'ouvrage (guide pratique, livre d'information...) exige une actualisation régulière, le problème de la mise à jour va vite affleurer. À moins que le contrat ait clairement anticipé cette situation, l'auteur tentera de négocier une rétribution spécifique (majoration de ses droits, par exemple) pour le travail de mise à jour qui lui est demandé. S'il ne veut ou ne peut y procéder, il ne saurait empêcher l'éditeur de la faire réaliser par un tiers, bien qu'il conserve — en théorie — un droit de regard sur l'actualisation.

Les tribunaux distinguent entre mise à jour mineure, fruit d'un simple époussetage, et refonte complète, témoignant d'un important effort de restructuration et/ou d'apports substantiels au texte d'origine. Si la refonte est opérée par ...

un ou des tiers, l'œuvre résultante peut être requalifiée en œuvre collective#36 patronnée par l'auteur d'origine, voire en œuvre de collaboration, ce qui créera immanquablement des hiatus contractuels.

UN NOUVEAU CONTRAT ?

Ainsi, établir un nouveau contrat lors d'une réédition est souhaitable en cas d'intervention d'un tiers. Et, même lorsque l'auteur procède lui-même à la mise à jour, il a tout à gagner à négocier un lifting contractuel, considérant que le livre réédité est par définition un livre qui se vend et que cela modifie le rapport de forces.

À l'inverse, un simple retirage d'exemplaires (à l'identique) ne constitue pas une réédition, mais une réimpression. Elle s'inscrit dans la logique naturelle du contrat d'exploitation originel et ne requiert pas l'accord de l'auteur. De même, un simple changement de présentation typographique ou de couverture est l'affaire de l'éditeur.

RÉÉDITER AILLEURS

La réédition fait nécessairement l'objet d'un nouveau contrat lorsqu'il y a changement d'éditeur. On suppose bien sûr que l'auteur a repris ses droits (fin de contrat, résiliation…#74-#77). Il lui faut alors considérer un paramètre épineux : reste-t-il du stock[1] de la première édition ?

(1) Le stock, objet industriel, appartient à l'éditeur même s'il ne détient plus les droits.

Si tout a été pilonné, la question est réglée. Sinon, bien qu'il ne possède plus les droits, le premier éditeur est libre de continuer à écouler le stock pendant trois ans, «*à moins que l'auteur ne préfère acheter ces exemplaires moyennant un prix qui sera fixé à dire d'experts à défaut d'accord amiable, sans que* [la] *faculté reconnue au premier éditeur interdise à l'auteur de faire procéder à une nouvelle édition dans un délai de trente mois*» (art. L.132-11 du CPI).

Enfin, le nouvel éditeur sera impérativement avisé du fait qu'il réédite un livre ! Sinon, il pourrait protester du silence de l'auteur sur un point capital directement lié à la commercialisation des droits cédés.

D

méthodes et stratégies

À l'instar du chercheur d'emploi profilant son CV et s'exerçant à l'entretien d'embauche, le chercheur d'édition peut améliorer ses chances de décrocher un contrat en repensant son approche de la publication. Mieux cibler les maisons d'édition, s'initier aux aiguillages du service des manuscrits, professionnaliser le «contrôle qualité» du texte, sont quelques-unes des méthodes et stratégies dont il sera question ici.

COMITÉ DE LECTURE
SOUMISSION DE MANUSCRIT
RECHERCHE D'ÉDITEUR
LETTRE DE REFUS
DÉPÔT D'ŒUVRE
ATELIER D'ÉCRITURE
CONSEILLER ET AGENT LITTÉRAIRES
TRADUCTION
PRIX ET CONCOURS

Les manuscrits sont-ils vraiment lus ?

L'envoi d'un premier manuscrit plonge l'auteur dans une profonde angoisse. Il n'a pourtant pas à craindre des comités de lecture une attention trop soutenue.

Les éditeurs doivent être considérés par les auteurs non pas comme des lecteurs réels, mais comme des méta-lecteurs, c'est-à-dire comme des professionnels de la pré-lecture. Leur rôle est de déceler le plus vite possible ce qui pourrait être lu par le public.

La vision idyllique de l'éditeur noctambule lisant voracement une pile de manuscrits à la recherche de la perle rare n'est pas réaliste. Les manuscrits traversent (ou ne traversent pas) plusieurs canaux d'écrémage (*épouillage,* dans le jargon) avant d'être réellement étudiés. Certaines maisons subissent une déferlante de 50 manuscrits/semaine.

Les responsables littéraires opèrent alors un filtrage par paliers : le service des manuscrits élimine les documents indéchiffrables ou hors-compétition et tient à jour son registre. Le secrétariat littéraire opère ensuite une pré-lecture visant les premières et dernières pages, puis quelques-unes au milieu du texte. On apprécie le style et l'orthographe (indicateur décisif). Le manuscrit est « mis en lecture » s'il franchit ce deuxième barrage.

S'il est certain que les plis sont ouverts, feuilletés, pesés, et parfois scrupuleusement auscultés (notamment dans les petites maisons), la lecture intégrale reste une exception.

Quelle est la probabilité d'être édité ?

Entre 1 chance sur 4 (L'Harmattan#57) et 1 chance sur 1000 (Gallimard), les stats éditoriales comptent trop de paramètres pour supplanter votre horoscope.

Traditionnellement, on avise l'auteur non pistonné qu'il bénéficie d'à peine une chance sur mille de voir son manuscrit édité. Cette statistique est exacte dans la grande édition pour la littérature de fiction, mais elle ne vaut rien dans l'absolu.

(1) «Annuaire à l'usage des auteurs cherchant un éditeur», v. **#86**

La consultation de l'annuaire *Audace*[1] montre que la taille économique de la maison d'édition (reflet de sa production annuelle) joue sur les probabilités selon une loi quasi exponentielle : le 1/1000e de la grande édition tombe à 1/100e en édition moyenne et à 1/10e dans les petites et microstructures. Le calcul compare le nombre de manuscrits reçus avec le nombre d'auteurs *nouveaux* publiés.

Ces données ne valent bien sûr que pour un texte de qualité moyenne, une œuvre de «médiocrité acceptable» pour reprendre une expression de Bernard Grasset.

Il ne faut pas oublier enfin que les auteurs doivent *cibler*#86 leur proposition. Les éditeurs possèdent une identité culturelle et industrielle. Certains ne publient que des genres, d'autres ne publient que des stars. Les auteurs qui arrosent le 6e arrondissement sans discernement diluent passablement leurs chances… tout en faussant les statistiques !

Quelles précautions prendre lors de l'envoi du manuscrit ?

Ici commence votre parcours du combattant :

1) Présentez votre manuscrit correctement révisé. Il doit être « tapuscrit » (dactylographié), folioté et relié.[#121]

2) Si vous avez des doutes sérieux sur les qualités intrinsèques de votre texte, faites appel à un conseiller littéraire[#94] plutôt qu'à vos proches !

3) Photocopiez le document en plusieurs exemplaires (entre 5 et 15). Prévoyez aussi 5 à 10 exemplaires d'extraits (premier chapitre si c'est un roman, un récit, un essai ; quelques poèmes ou une nouvelle si c'est un recueil). Gardez toujours l'original.

4) Si vous êtes parano, procédez au dépôt[#89] du texte.

5) Rédigez une lettre d'accompagnement sobre et neutre, indiquant : *a)* vos nom, prénom, pseudonyme(s), âge, coordonnées ; *b)* votre bibliographie (titres, éditeurs, tirages, ventes) ; *c)* articles de presse éventuellement obtenus ; *d)* prix et titres obtenus (lorsqu'ils n'ont pas une valeur contestable) ; *e)* succinctement : profession, formation, régions où vous êtes connu(e).

6) Ciblez[#86] les maisons en phase avec le genre, le sous-genre et le style de votre texte. Vous devez connaître les éditeurs, leurs collections, mais aussi le nom du directeur littéraire et le mode de démarchage[#84] recommandé.

Méthodes de démarchage : manuscrit complet ou « à l'américaine » ?

Prospecter les éditeurs n'implique pas systématiquement l'envoi d'un pavé photocopié de 350 feuillets.

La méthode canonique de démarchage est bien connue : l'auteur, armé de dix exemplaires de son tapuscrit, expédie par la poste une première salve aux grandes maisons parisiennes, attend les retours (trois à neuf mois), tente de récupérer#78 les copies, envoie une deuxième salve à des éditeurs moins « cotés », et ainsi de suite. Entre deux refus, il est bon que le texte séjourne trois mois dans un tiroir.

Le citadin peut économiser quelques frais en déposant l'exemplaire au secrétariat de l'éditeur (en échange d'un reçu qu'il produira lors de la récupération du document). Inutile de parlementer avec les secrétaires en vue de rencontrer le décideur : il n'est ni joignable ni disponible.

La seule manière de sonder un responsable littéraire ou un directeur de collection est de profiter d'un salon du livre pour l'approcher. Méthode vouée à l'échec dans les salons internationaux (Paris, Bruxelles, Genève…), elle est payante dans les manifestations à échelle humaine (surtout en province), sur les stands des petits et moyens éditeurs.

LE « DÉMARCHAGE À L'AMÉRICAINE »

La technique du démarchage à l'américaine consiste à accrocher l'éditeur sans l'encombrer. L'auteur envoie ou transmet au directeur littéraire le « pitch » de son ouvrage, un synopsis ou un plan général du projet, avec un premier chapitre rédigé et une « lettre d'intention » courte et efficace.

Cette méthode présente des avantages évidents :

— l'auteur s'économise des frais de photocopie et d'envois massifs (dans son principe, le démarcharge à l'américaine est même assez praticable par courriel[#85]) ;

— l'éditeur s'affranchit d'une intendance lourde et de frais de retour (un synopsis refusé ne se retourne pas : l'éditeur n'envoie qu'une lettre de refus) ;

— les délais de traitement sont logiquement plus courts : les parties sont vite fixées quant à la pertinence du projet.

Si l'éditeur réclame ensuite le manuscrit complet, c'est que son intérêt a été éveillé. Vous n'êtes plus l'auteur *lambda,* votre manuscrit n'est plus un « manuscrit sauvage », même s'il reste à convaincre le comité de lecture. En cas de refus, l'éditeur doit normalement vous retourner votre manuscrit à ses frais puisque c'est lui qui l'a réclamé.

Inconvénient : la méthode anglo-saxonne est mal ancrée en France, elle apparaît trop « commerciale » à des éditeurs installés dans des traditions hypocrites. Ainsi, en matière de fiction (roman, poésie, nouvelle), les responsables déclarent majoritairement[1] préférer par principe l'envoi d'un manuscrit complet — qu'ils ne liront pas !

(1) Cf. *Les Comités de lecture,* P. Morfouace, Calcre éd., 2003

Cependant, certaines maisons et certains genres (non-fiction, guides pratiques, littérature de gare, érotisme) se prêtent volontiers au démarchage à l'américaine. Les collections très formatées (jeunesse, essais, documents) fonctionnent intrinsèquement sur la base de synopsis car elles imposent un gabarit et un calibrage précis. Les éditeurs prennent la décision d'éditer en fonction du projet et des cases disponibles dans le catalogue. Si l'éditeur est intéressé, il donne alors les consignes à l'auteur qui va faire son entrée dans la collection.

NB. — L'annuaire *Audace*[#86] indique pour chaque éditeur le mode de démarchage préféré.

Les « mail-uscrits » ont-ils de l'avenir ?

La soumission de manuscrits par courriel ne semble pas en voie de s'imposer, tant les éditeurs y sont récalcitrants.

(1) « Remballez vos mail-uscrits ! », P. Morfouace, in *Ecrire&Editer* n° 42, fév. 2003

Une enquête réalisée début 2003[1] sur un panel de 40 maisons d'édition témoigne non seulement du peu de réactivité des guichets en ligne, mais surtout de l'allergie profonde des professionnels du livre face au manuscrit numérique.

Il apparaît en effet que 70 % des éditeurs interrogés refusent de réceptionner et de traiter des propositions « sauvages » soumises par courriel. Et l'accueil très nuancé que quelques éditeurs réservent à ce mode de démarchage ne masque pas leur immense peur d'un déluge certain.

Quelques rares grands éditeurs (tels La Martinière) ont opté pour une formule empirique : leurs sites Web proposent un formulaire destiné à l'envoi de documents (aux formats Word, RTF ou PDF), accessible à l'auteur high-tech après force mises en garde.

Mais le protocole sacré du tapuscrit domine. Les éditeurs arguent que la lecture-écran est inconfortable et qu'en conséquence, la généralisation des *mail-uscrits* les contraindrait à imprimer les documents à leurs frais. Autre frein : le manque de temps, de moyens humains et techniques pour gérer ce nouveau poste. L'arrivée d'une nouvelle génération d'éditeurs inversera-t-elle la vapeur ?

Comment « cibler » votre éditeur potentiel ?

Un nombre infime de publications explorent et décryptent les opportunités éditoriales. L'auteur a tout intérêt à cumuler les outils de prospection.

Librairies
Les librairies constituent pour le jeune auteur le meilleur observatoire des genres, tendances et collections. On en apprend toujours plus sur un éditeur en feuilletant ses livres, en analysant ses nouveautés et ses auteurs qu'en compulsant un répertoire prédigéré. Les ouvrages portent l'adresse de la maison, le nom des directeurs de collection, parfois le nombre d'exemplaires imprimés.

Internet
Pour peu qu'on exploite judicieusement leurs formulaires de recherche avancée, les webrairies (*Amazon, Alapage, Fnac.com*) fourmillent de données statistiques sur l'édition. Quelques sites spécialisés[#147] vous feront découvrir des éditeurs méconnus et créatifs qui avaient échappé à votre premier tri.

Salons et revues
Les salons du livre prolifèrent en France. Chacun est l'occasion d'appréhender « de vive vue » le catalogue et parfois les responsables d'une maison. De leur côté, les revues[#91] de création (poésie, nouvelle, BD…) sont une fois sur deux rattachées à un éditeur qui les prend sous sa coupe. Par son accessibilité, le support périodique apparaît donc comme une excellente courroie de prospection.

…

Livres hebdo

Livres hebdo, le magazine des professionnels du livre, n'est pas diffusé au grand public par les maisons de la presse. Financée par la publicité, cette publication d'Electre (filiale du Cercle de la librairie) couvre l'actualité de l'édition sous son jour marketing et publie les baromètres du marché. C'est un outil d'information vendu à prix d'or (plus de 300 € l'abonnement annuel). L'astuce consiste à le consulter chez votre libraire ou votre bibliothécaire, abonnés captifs.

Audace

Audace, « Annuaire à l'usage des auteurs cherchant un éditeur », est la seule enquête de fond définitivement tournée vers les auteurs. Mise à jour tous les trois ou quatre ans, cette bible de l'édition présente plus d'un millier d'éditeurs en activité à travers des fiches critiques et signalétiques très élaborées : genres dominants, noms des responsables, tirages moyens, nombre de manuscrits reçus, mode de démarchage souhaité, ouverture aux auteurs « inconnus-débutants », formes du contrat, etc. Outre qu'il permet de tamiser finement le panel éditorial, *Audace* est aussi un guide anti-arnaque signalant les officines d'édition à compte d'auteur en leur attribuant une cotation positive ou négative selon la prestation fournie.

Ecrire&Editer

Ce magazine d'information des auteurs fondé en 1996 continue sa course malgré un cadre associatif fragilisé. Il reste le seul organe d'information indépendant susceptible d'éclairer les auteurs sur le champ de bataille.

Il convient d'ajouter à ces publications salutaires : *Arlit* (« Annuaire des revues littéraires ») et *Safêlivre* (« Guide des salons et fêtes du livre »). Vous pourrez suivre les mises à jour de ces ouvrages et vous les procurer par le truchement de L'Oie Plate et de l'association Cose-Calcre.

- **L'Oie Plate (éditeur d'Audace), BP 17, 94404 Vitry Cedex**
- **Cose-Calcre, www.cosecalcre.com**

L'éditeur accepte mon manuscrit : comment réagir ?

Quelques bons réflexes avant de se jeter à l'eau.

1) Une acceptation trop rapide (une semaine) ou trop emphatique de la part de la maison démarchée est un signe d'édition à compte d'auteur. Lisez à la loupe le contrat (ou le pré-contrat) et consultez *Audace*[#86].

2) Ouvrez une chemise au nom de l'éditeur et glissez-y les doubles des courriers et contrats échangés. Obtenez la confirmation écrite de toute promesse verbale, qu'elle augmente ou retranche les termes du contrat.

3) Si l'éditeur vous convoque dans ses bureaux, ne signez jamais sur place, demandez quelques jours de réflexion. Ce sera l'occasion de rouvrir ce guide !

4) Lors de la rencontre avec l'éditeur (ou son directeur littéraire), restez pratique ! Parlez contrat[#41], marché potentiel, plan de lancement[#99], droits d'auteurs[#52], à-valoir[#53], date de parution[#62], prix public envisagé, moyens de diffusion[#69]… mais surtout pas de littérature. L'éditeur vous entraînera lui-même sur ce terrain glissant s'il ressent la nécessité de certains ajustements.

5) Si l'éditeur vous expédie le contrat par la poste, confimez-lui réception par téléphone **et** par courrier mais, comme indiqué plus haut, temporisez et prenez conseil avant toute signature.

Comment décrypter un refus ?

Dans la majorité des cas, un éditeur traditionnel refusera votre manuscrit. Qu'en déduire ?

Même si elle semble personnalisée, la fameuse lettre type de refus ne donne que des arguments passe-partout pour refouler votre texte : *ne correspond pas à l'esprit de la maison; ne peut s'insérer dans les collections; le programme est complet; présente des qualités mais...*

Si vous recevez des lettres types, cela signifie que vous ne passez pas le palier «écrémage»**#81** : votre texte est disqualifié pour des raisons matérielles ou éditoriales qu'il vous reste à analyser. Avez-vous vraiment *ciblé***#86** votre envoi ? Les éditeurs affirment que la première cause de refus est l'inacuité de l'expéditeur.

Dans une lettre de refus personnalisée, l'auteur retrouve des éléments précis attestant que son manuscrit a été évalué. C'est un refus «littéraire». Il vous appartient d'en tirer enseignement. Évitez à tout prix d'ergoter, de réclamer des explications... Les courriers pinailleurs n'incitent les éditeurs qu'à revenir aux lettres types.

Il est important de noter que les éditeurs ne sont en rien tenus de donner un avis, surtout défavorable, et encore moins de le justifier. L'analyse circonstanciée d'un manuscrit est un service onéreux, relevant du conseiller littéraire**#94**.
NB. — Concernant la «récupération» du manuscrit refusé, consultez **#78**.

Protection d'un manuscrit : où le déposer ?

Procéder à un dépôt de manuscrit (#12) ne sert qu'à démontrer l'antériorité de la création sur un éventuel plagiat (#30). Ça ne vaut pas le coup de se ruiner !

Pour les sociétés d'auteurs, le service « dépôt de manuscrits » est devenu un marché juteux. Et beaucoup d'auteurs se sont mis en tête que cette démarche était de la plus haute nécessité.

Outre le dépôt légal, assuré *de facto* en cas d'édition, il existe quatre formules de dépôt « volontaire » :

Dépôt notarié. — L'auteur procède au dépôt par le biais d'un notaire, c'est la protection juridiquement la plus forte, elle est tarifée à la page, n'est pas limitée dans le temps, mais implique des frais d'actes et honoraires.

Dépôt auprès d'une société[1]**.** — La majorité des sociétés d'auteurs, mais aussi l'INPI**#40**, gèrent des dépôts physiques de documents, à durée limitée (renouvelable) et relativement économiques *(v. page suivante)*.

Dépôt électronique. — Il consiste en la conservation d'une clef numérique de l'œuvre (v. **#90**).

Enveloppe self-adressée. — L'auteur peut s'envoyer à lui-même son manuscrit, en recommandé, après avoir cacheté le rabat de l'enveloppe, qui restera close à réception. Coût modique mais protection jugée « légère ». ...

(1) Le dépôt à l'étranger offre parfois des avantages inouïs :
— Copyright Office (US) assure pour 35 € un dépôt couvrant la durée de la propriété littéraire *(www.loc.gov/copyright/)*;
— à Montréal, la Sartec (Société des auteurs de radio, télé et ciné) propose une formule à moins de 4 €/an *(www.sartec.qc.ca)*;
— la Sabam (Société des auteurs belges) conserve les manuscrits pour 5 €/an *(www.sabam.be)*.

PRINCIPAUX SYSTÈMES DE DÉPÔT PHYSIQUE (EN FRANCE)

FORMULE*	OBJET ET DÉPOSITAIRE	DÉTAIL ET DURÉE
ENVOI SELF-ADRESSÉ EN RECOMMANDÉ	Tous documents sous pli	**Frais postaux durée illimitée**
DÉPÔT LÉGAL	Œuvres existant sur support et en circulation (officieusement : au moins 300 ex.) — *voir* **#63**	**Franchise postale durée illimitée**
ENVELOPPE SOLEAU (INPI) **env. 2 €/AN**	Tous documents sous pli, perforables, épaisseur maxi : 7 mm *www.inpi.fr*	**10 € / 5 ans, renouv.**
DÉPÔT Snac **env. 7 €/AN**	Œuvres litt./drama., scénars/synop., numéros de cirque, compositions ou maquettes musicales, chansons… Supports papier, magnétique et CD/DVD *Syndicat national des auteurs et compositeurs : www.snac.fr*	**34 € / 5 ans, renouv.**
DÉPÔT Scam **6 à 8 €/AN**	Manuscrits, scénars/synopsis, œuvre audiov. ou radio, images fixes, plans d'archi., logiciels, multimédias. Supports papier ou numériques *Société civile des auteurs multimédia : www.scam.fr*	**15 € / 2 ans ou 30 € / 5 ans**
DÉPÔT SACD / Scala **5 à 9 €/AN**	Œuvre audiovisuelle, radio, multimédia, photographie, théâtre, chorégraphie, spectacle, musique, littérature, logiciel *Société des auteurs et compositeurs dramatiques (dépôt géré par Scala) : www.sacd.fr*	**46 € / 5 premières années, puis 23 € renouv. tous les 5 ans**
DÉPÔT Artema **9 €/AN**	Docus et fichiers graphiques : planches BD, illustrations, jeux, plans… *NB : Le dépôt physique semble abandonné au profit du numérique : www.artema.com*	**40 € / 5 ans, renouv. (au-delà de 3 Mo : 5€ le Mo suppl.)**
DÉPÔT SGDL **11 €/AN**	Tous documents, dont manuscrits, logiciels, multimédias, docus d'archi… supports papier ou CD/DVD (v. aussi Cléo) *Société des gens de lettres : www.sgdl.org*	**45 € / 4 ans, renouv.**
DÉPÔT INPI **> 12 €/AN**	Dessins (2D) et modèles (3D) remplissant la condition de nouveauté *Institut national de la propriété industrielle : www.inpi.fr*	**38 € forf. + 22 € / repro N&B (le double en coul.), durée 5 ans, renouv.**
BREVET INPI **270 à 530 €/AN**	Inventions répondant aux critères de délivrance de brevet *www.inpi.fr*	**355 € forf. + annuités progress. sur 20 ans maxi**
DÉPÔT NOTARIÉ **76 € + 3€ / page** **+ honoraires**	Tout document sur support	**acte : 76 €, timbres : 3 € l'unité, durée illimitée**

*** Pour chaque formule, le coût moyen annuel est estimatif et n'intègre pas les diverses options. Il permet une comparaison rapide des offres. Consultez les dépositaires pour détailler et actualiser ces montants.**

IDDN et dépôt numérique : comment ça marche ?

Les dispositifs de marquage, sécurisation, dépôt ou identification numériques prolifèrent sur Internet.

L'Agence pour la protection des programmes (APP) a élaboré en 1994 l'IDDN (InterDeposit Digital Number), un système de référencement et de « dépôt virtuel » des œuvres numériques incluant les créations en ligne *(www.iddn.fr)*.

Techniquement, l'IDDN recourt à une technologie d'empreinte numérique qui a été définie en 1992 sous le nom de *Message Digest*. On trouve trace de cet algorithme, *MD5*, dans de nombreuses applications de cryptographie. Le *MD5* ou ses dérivés associe à un fichier, aussi volumineux soit-il, une clef unique. Plus exactement, il existe une chance sur 18 milliards de milliards que deux fichiers distincts produisent la même empreinte.

Cette clef est enregistrée auprès de dépositaires spécialisés pour certifier la date d'une création, à charge pour l'auteur de conserver de son côté le fichier « source » sans lui apporter la moindre modification. La correspondance fichier-clef pourra avoir force de preuve, pour autant que les tribunaux se prononcent un jour sur cette question…

Depuis la mise en place du système IDDN, des sociétés concurrentes comme *Cléo* ou *Artema.com* s'en sont largement inspirées pour dépoussiérer leur service de dépôt de documents. L'IDDN reste pourtant, de très loin, le plus économique : affiliation gratuite et certificat définitif !

Pourquoi publier en revue ?

Il existe en France des centaines de périodiques littéraires, négligés à tort par les auteurs débutants.

Dans les trois genres que sont la nouvelle, la poésie et la bande dessinée, la publication en revue est non seulement la meilleure stratégie pour se faire connaître, mais pour ainsi dire un passage obligé avant de jouer dans la cour des grands.

Les revues littéraires et culturelles ont deux tares : leur nature éphémère et leur faible audience. Mais elles possèdent quatre atouts salvateurs :

— elles s'ouvrent largement aux auteurs inconnus (on peut estimer qu'une proposition a une chance sur dix d'être retenue par une revue de taille moyenne à la recherche d'inédits);

— elles constituent un lieu de confrontation et d'apprentissage réel pour les auteurs isolés qui, à travers des publications courtes, fourbissent leur style, évacuent certains projets qui les empêchaient d'avancer et prennent la température du niveau littéraire moyen;

— toutes les tendances y sont représentées, même les moins « commerciales » comme la poésie classique, le théâtre oulipien ou la recherche en sémiotique;

— elles sont très souvent une passerelle vers l'édition (exemple le plus fameux : *Décharge* / Le dé bleu en poésie contemporaine).

À CONSULTER : Arlit, « Annuaire des revues littéraires et compagnie »,
R. GAILLARD : v. #86

Faut-il déposer son manuscrit avant de l'envoyer à une revue ?

Les revues publient vite et sans entrave. Le manuscrit expédié est-il entre de bonnes mains ?

Le phénomène de plagiat#30 en revue reste rare, d'abord parce que les textes pillables sont minoritaires, ensuite parce que l'information circule si vite dans le milieu que le revuiste indélicat se retrouverait rapidement dans le collimateur de ses confrères-chroniqueurs. Un tel discrédit ne laisse guère de chances de survie au support.

Lorsque l'auteur adresse la copie d'un texte à un périodique de création de type revue ou fanzine, ni l'éditeur ni le directeur de publication ne garantissent la protection juridique du manuscrit. On retrouve donc ici tous les paramètres mécaniques de la soumission de manuscrit à une maison d'édition (v. **#83** et suiv.).

Si le texte est retenu, il est protégé *de facto* par la publication, c'est-à-dire le dépôt légal#63, et il est parfaitement inutile dans ce cas d'effectuer un dépôt volontaire#89. Ainsi, publier une œuvre courte dans une revue ciblée à cet effet est un moyen extrêmement habile de la « protéger »#12 à moindre coût !

Rappelons une spécificité de la publication en revue : elle ne sous-entend jamais (ou de façon très exceptionnelle, si un contrat est établi) la cession des droits patrimoniaux au bénéfice du revuiste#113-115.

À quoi bon s'inscrire dans un atelier d'écriture ?

Décriés par l'intelligentsia, les ateliers d'écriture apportent aux auteurs un peu d'oxygène social.

Le milieu de l'édition française ignore les ateliers d'écriture. Sur le modèle des *writing workshops*, on les pratique en création publicitaire et audiovisuelle, mais pas question d'apprendre ou de stimuler l'écriture littéraire. L'auteur néophyte partage d'ailleurs avec l'écrivain en place cette allergie à la pédagogie et à l'artisanat littéraire. La mythologie du génie omniscient reste tenace en France.

De fait, rares sont les ateliers qui répondent aux besoins pragmatiques des auteurs confrontés à un blocage formel, une prose pâteuse, des dialogues fatigués, un genre nouveau qu'ils ont décidé d'explorer. Des structures comme le Ciclop ou les ateliers Bing ont popularisé des méthodes où le dire et l'écrire du patient (on dit ici *l'écrivant*) sont survalorisés dans une logique plus thérapeutique que technicienne. Leurs clients : les entreprises et l'Éducation nationale. Sans intérêt pour les artisans du texte.

Seuls quelques organismes, tels Aleph-Écriture, se réclament d'une culture pédagogique. Ils animent des sessions thématiques (100 à 500 €) sur des sujets, déjà trop vastes, comme le conte ou l'écrit journalistique… Même chez Aleph, la valeur intrinsèquement légitime de toute écriture interdit de malmener l'*ego* de l'écrivant. Ainsi, en France, seul un bon conseiller littéraire**#94** fournira à l'auteur le diagnostic et les outils contondants dont il a besoin.

Quel est le rôle d'un conseiller littéraire ?

Ni agent, ni maître d'œuvre, encore moins psy, le conseiller littéraire lit, relit, corrige, suggère, pour accompagner l'auteur au bout de son livre.

Souvent confondu avec l'agent littéraire#96, le conseiller littéraire exerce une profession (libérale) très peu balisée : aucun diplôme ne l'officialise. On pourrait l'assimiler à du *consulting* doublé de prestations techniques de type écrivain public. Comme tout autre, ce métier compte son lot d'amateurs et de charlatans, mais quelques professionnels remarquables gagnent à être découverts[1].

(1) Leurs coordonnées sont presque toujours confidentielles : les clients se les transmettent de bouche à oreille... Une interview fort instructive de Dominique Pulby a paru dans *Ecrire&Editer* n° 43, avril 2003 (dossier consacré aux conseillers littéraires).

Les missions d'un conseiller littéraire sont extensibles : de très réduite (lecture corrective du manuscrit), la tâche peut s'élargir à une *lecture commentée*, avec propositions de remaniements, voire à la réécriture ou à l'écriture intégrale.

Lors du premier contact, les parties s'entendront sur l'étendue de la mission, la taille du manuscrit confié. Le conseiller examine une dizaine de pages avant de fixer ses honoraires#95. S'il est vraiment honnête, il refusera un projet dont la médiocrité lui paraît irrémédiable. *Stricto sensu*, le prestataire qui assure une rédaction complète (*nègre*#24) sort du cadre du conseil littéraire : il devient auteur ou coauteur de l'œuvre. Le conseiller, lui, facture un service et renonce au droit d'auteur.

Quels sont les tarifs acceptables en matière de conseil littéraire ?

Pour apprécier les tarifs ou honoraires d'un conseiller littéraire#94, il est indispensable de distinguer cinq niveaux d'intervention.

1) LECTURE CORRECTIVE **2 à 4€/page**
Vise l'orthographe (avec parfois distinction entre correction orthogrammaticale et correction orthotypographique) : fautes simples, grammaire, ponctuation, vocabulaire.

2) LECTURE CORRECTIVE COMMENTÉE **3 à 7€/page**
Inclut le niveau précédent. Vise le style du texte, analyse son architecture, la cohérence interne, la crédibilité des personnages et des situations. Options possibles.

3) LECTURE « SUGGESTIVE » **10 à 12€/page**
Inclut les niveaux 1 et 2. Vise la structure globale du récit, conseils de restructuration, suggestions de paragraphes charnières, exemples de remodelages…

4) RÉÉCRITURE **10 à 30€/page (!)**
Remodelage du manuscrit en conservant le maximum d'éléments d'origine. Inclut la saisie informatique et beaucoup de variantes selon le temps passé, d'où ces tarifs peu normatifs. Des honoraires de 75 à 100€/h sont courants.

5) ÉCRITURE INTÉGRALE **droits d'auteur**
Ouvrage de commande ou dit « de collaboration » sous la forme du négriat. Sauf cas d'école, le conseiller littéraire ne « facture » pas ce travail en honoraires : v. **#24** et **#36**

Qu'est-ce qu'un agent littéraire ?

Incontournable aux États-Unis, l'« imprésario » de l'écrivain est une espèce rarissime en France.

Un agent littéraire a pour principale mission d'aider un écrivain à publier son ou ses ouvrages dans les meilleures conditions contractuelles. Interface entre l'auteur et les éditeurs, s'efforçant de convaincre ces derniers du caractère « porteur » du manuscrit qu'il défend, il est à la fois le conseiller juridique et l'émissaire du talent de l'auteur.

Après avoir jaugé le manuscrit, il cible un panel d'éditeurs, jouant ensuite de sa force de persuasion, éventuellement de son entregent, pour susciter des projets d'édition. En principe, il ne se rémunère qu'en pourcentage sur les droits d'auteur[#52] obtenus, c'est sa commission. Elle oscille d'ordinaire entre 15 et 30 %.

Mais, l'agent littéraire demeure en France une sorte de dahu. En dehors des *subagents*, représentants d'agents d'autres pays pour négocier les droits étrangers, l'*agenting* est un secteur microscopique auquel bien des éditeurs s'opposent, attachés qu'ils sont à leur relation patriarcale avec les écrivains. Il y a bien François Samuelson, l'agent des vedettes ou quelques agences-passerelles axées sur les droits audiovisuels (Susanna Lea), mais l'auteur *lambda* n'a pratiquement pas plus de chance de trouver un agent que de trouver un éditeur ! Sauf sur Internet, où deux « agences » sur trois font du rabattage pour l'édition à compte d'auteur[#105]…

Devenir traducteur : quelles stratégies ?

Même Gilles Morris-Dumoulin, traducteur de Spillane, conseille aux traducteurs de ne pas s'enliser dans la traduction seule. *S'enliser,* vraiment ?

Une détestable tradition de l'édition française est de traiter les traducteurs[#16] comme du bétail. C'est la première chose à intégrer si l'on désire vraiment aller au feu !

Avant de courir les contrats, il est vital de se mettre au clair sur ce métier, connaître ses « tarifs »[#58] et ses pièges. Exemple : savoir négocier un à-valoir et des droits d'auteur proportionnels, *à défaut* se rabattre sur une rémunération forfaitaire au feuillet et non pas au signe Ascii[#134].

Selon Jacqueline Lahana, responsable de l'Association des traducteurs littéraires de France, la bonne stratégie pour démarrer est la suivante : « Le débutant tournera dans les grandes librairies pour se rendre compte de ce que publient les éditeurs dans le domaine étranger. Puis il enverra aux directeurs de collection quelques pages de traduction. Traduction d'un auteur étranger déjà connu, ou d'un inconnu qu'il veut faire découvrir en France[1] ».

(1) « Profession Traducteur », in *Ecrire&Editer* n° 12, nov. 1997, propos recueillis par F. Valencien

Cette méthode très optimiste suppose deux atouts : 1) le traducteur professionnel doit être un excellent technicien des langues source et cible ; 2) il doit connaître à la perfection le milieu éditorial français et ses collections étrangères.

Les formations pour les traducteurs constituent des tremplins. Ainsi, le DESS de traduction littéraire d'anglais inclut un stage en maison d'édition… L'occasion parfois de décrocher un premier contrat.

DÉMARCHAGE PLUTÔT « À L'AMÉRICAINE »

La meilleure manière de cultiver le contact avec les éditeurs et directeurs de collection est de leur envoyer des projets synoptiques#84 bien ficelés, assortis d'une page ou deux de traduction, dans un créneau qui est en phase avec leur politique.

Il convient ensuite d'assurer un suivi téléphonique ou de rencontrer les gens dans les salons du livre (Paris, mais aussi Genève, Francfort…). Discussion informelle, durant laquelle le traducteur se montre souple et capable de s'adapter aux contraintes maison.

Ne pas parler argent trop tôt, mais ne pas en parler trop tard non plus : vous devez savoir ce qui vous attend avant l'établissement du contrat. À ce sujet, vous aurez deviné que les débutants sont toujours très mal payés. L'éditeur leur fait comprendre que c'est un investissement à long terme.

Un contact personnel avec un écrivain ou un éditeur étranger est un atout à exploiter : faites valoir auprès de l'éditeur français que vous disposez d'une entrée privilégiée et que vous faciliterez l'interface pour la négociation des droits étrangers.

Internet, enfin, est devenu une remarquable plaque tournante pour les métiers de la traduction, en particulier dans le domaine de la traduction technique.

- **ATLF (Association des traducteurs littéraires de France)**
  www.atlf.org, 99, rue de Vaugirard, 75006 Paris
- **SFT (Société française des traducteurs)**
  www.sft.fr, 22, rue des Martyrs, 75009 Paris

Prix et concours, tremplin ou trompe-l'œil ?

Peu gratifiants, les concours sont du moins formateurs.

Précision terminologique : les *prix littéraires* distinguent des œuvres déjà éditées tandis que les *concours* récompensent des manuscrits inédits. Tous sont entachés d'une tenace présomption de népotisme, discréditant les prix aux yeux du grand public et n'offrant aux lauréats des concours qu'un visa en chocolat pour la « grande édition ».

S'il est constant que les concours de poésie débouchent au mieux sur des agapes où l'on se congratulera à grands renforts de médailles placebos, la situation des concours de nouvelles, de scénarios, de bande dessinée est un peu moins frivole. Les bons règlements s'attachent à l'anonymat du concouriste, interdisent la participation des membres du jury, formulent des consignes rédactionnelles stimulantes, donnent accès aux notes de lecture et proposent des prix décents, soit en argent, soit sous la forme d'un contrat d'édition garanti avec diffusion effective.

Un concours bien choisi peut constituer pour l'auteur une rampe d'accès à une revue littéraire ou à une publication collective, formule très prisée dans les milieux de la science-fiction et de l'imaginaire. La question reste donc de sélectionner les « bons plans ». Pourront vous y aider : le *Guide des prix et concours* de B. Labes (Cherche-midi), l'enquête d'A. Guérard sur les concours de nouvelles (Cose-Calcre#86) ainsi que le guide périodique que publie la revue *L'Encrier renversé* (nouvelles et textes courts).

Comment faire la promo d'un livre ?

Les outils promotionnels de l'éditeur sont nombreux. L'auteur s'assurera qu'aucun n'est négligé.

Si elle requiert parfois la collaboration de l'auteur (stand-dédicace en librairie, voire passage télé), la promotion du livre est l'affaire de l'éditeur#49. Cela n'exclut pas un *brainstorming* pour dégager les arguments du plan média.

Principaux vecteurs promotionnels
1) le catalogue de l'éditeur, sur papier et sur Internet ;
2) l'avis de parution (envoi à *Livres hebdo* et aux libraires) ;
3) le service de presse (SP) : envoi d'un exemplaire gratuit à un panel de médias, puis relances téléphoniques ;
4) animations en librairie : journées-dédicaces, concours de vitrine, participation à une expo thématique, etc.
5) l'attachée de presse : elle traque les journalistes et les événements-médias en phase avec le sujet du livre ;
6) la PLV (*publicité sur le lieu de vente*) consiste en affiches, présentoirs ou supports originaux à installer en librairie : en ce domaine, le partenariat du diffuseur#69 est décisif ;
7) tenue de stand dans les salons, festivals, foires, expositions : l'auteur doit tout faire pour y participer.

Interdite à la télé, la publicité traditionnelle occupe les ondes et la presse culturelle (*Livres hebdo*#86, suppléments littéraires, *Lire*, *Le Magazine littéraire*, *La Quinzaine*…). À plusieurs centaines d'euros l'encart, c'est un dispositif moins rentable qu'un bon papier provoqué par un SP ciblé ou une attachée de presse inventive.

Quid du site perso ?

La conquête de l'internaute à travers une petite lucarne « http », même hébergée gratuitement, ne peut se concevoir dans un total dilettantisme.

Qu'il serve à promouvoir une œuvre ou à éveiller la curiosité d'un éditeur potentiel, le site perso d'écrivain n'est pertinent que s'il transcende le clientélisme frontal et le « tout-à-l'ego ». Il s'agit donc : *a)* d'avoir quelque chose à dire ou à montrer; *b)* de donner au site les attraits d'une publication originale; *c)* de faire vivre cette publication en exploitant toute la cinétique du Web (hyperliens, design efficace, mise à jour régulière).

Sauf autodidacte très motivé, l'auteur recourra[1] à un *webdesigner* pour concevoir une charte graphique et des styles CSS cohérents, puis à un *webdéveloppeur* maîtrisant tant l'édition XHTML (l'espéranto du Web) que les technologies côté serveur, tels les langages PHP/MySQL si le site évolue vite et actionne une base de données (archives, catalogue, forum...).

(1) La rubrique « programmation » du forum *hardware.fr* est un espace de prospection fertile.

On veillera à la lisibilité du texte et à la sobriété des pages, deux qualités manquant aux trois quarts des sites persos (texte jaune fluo sur fond bleuâtre avec incrustation de motifs idiots et d'effets éculés...). Si le site est très orienté *texte*, la plate-forme *Spip* (*spip.net*) est un instrument idéal pour élaborer un média en ligne cohérent, évolutif, sans avoir à trop plonger les doigts dans le cambouis du PHP.

E

les voies parallèles

Dans le spectre immense qui va de l'autoédition à la publication périodique en passant par toutes les formes d'autofinancement éditorial, le volume de la littérature « parallèle » ne cesse de croître. L'explosion de l'impression numérique à petit tirage explique en partie ce phénomène de démocratisation. Les gens de lettres hurlent à l'invasion barbare, mais les auteurs alternatifs ne font qu'occuper des espaces d'expression adaptés à leurs objectifs. Encore leur faut-il garder la tête froide et savoir renifler les faisans.

AUTOÉDITION
COMPTE D'AUTEUR
REVUES & FANZINES
PRESSE ÉCRITE
ÉDITION EN LIGNE

Quel est le principe de l'autoédition ?

Vendre ses livres soi-même, écumer les marchés et les librairies ? Un rêve... réservé aux débrouillards.

Le système de l'autoédition est facile à définir : l'auteur est son propre éditeur. Il finance lui-même l'opération, se pointe chez un imprimeur, fait fabriquer le tirage (sur devis), démarche les libraires, assure la promotion et les ventes de son ouvrage, gère le stock, etc.

L'avantage indéniable de cette formule est que l'auteur, totalement autonome, est maître de l'industrie et non plus un ramasse-miettes[#52]. Revers de la médaille : il lui faut apporter la mise initiale pour couvrir les coûts de fabrication[#109] et une sacrée dose d'énergie pour se promouvoir. Car personne ne viendra le chercher ! Tout comme les livres édités à compte d'auteur[#105], la production autoéditée est méprisée par les « professionnels de la profession ».

L'autoédition est une voie recommandée aux auteurs souhaitant diffuser à petite échelle — familiale, locale — une œuvre intime ou des travaux pointus que l'édition traditionnelle disqualifierait. Mais il s'est vu des succès phénoménaux dans le domaine du guide pratique lorsque l'auteur est ultracompétent et seul sur son créneau.

Pour réussir son activité d'autoédition, mieux vaut : *a)* saisir les subtilités de la typographie et de l'imprimerie ; *b)* être un excellent fiscaliste[#102] ; *c)* bénéficier d'un porte-voix médiatique dans la région ou dans le secteur visé(e).

Sous quelle forme déclarer les revenus de l'autoédition ?

Libéral, commercial, artiste-auteur ? BIC, BNC ? TVA ? frais réels ? La fiscalité de l'autoédition est riche en vocables ésotériques.

Le régime fiscal de l'auteur-éditeur est si labyrinthique que personne ne parvient à en fournir un modèle stable, pas même les conseillers du Trésor public. La difficulté vient de ce que, précisément, l'intéressé est à la fois auteur et éditeur, sans être tout à fait perçu ni comme l'un ni comme l'autre par les administrations.

Comme auteur, il se livre en toute indépendance à une activité par essence intellectuelle et tente de tirer quelques revenus de cette production personnelle. L'auteur exerce donc une activité « libérale ».

Comme éditeur, il s'efforce de vendre une *marchandise*, celle qui résulte de la mise en forme de sa production personnelle : un livre. Il exerce une activité commerciale.

AUTOÉDITION SCINDÉE

Le hic, c'est que l'activité libérale et l'activité commerciale sont imposées sous deux régimes disjoints. L'auteur-éditeur est une aberration fiscale ! De ce point de vue, créer une société unipersonnelle, une association, voire une SARL, pour scinder « docteur Auteur » de « mister Éditeur » est une issue miraculeuse. L'éditeur (la société, personne morale) peut même s'offrir le luxe schizophrénique d'établir un contrat d'édition en bonne et due forme à l'auteur (personne physique) : le cessionnaire légal des droits d'exploitation va donc les exploiter commercialement et reverser à son alter ego de véritables *droits d'auteur,* déclarés à l'Agessa et imposés, côté auteur, en traitements et salaires. Évidemment, côté éditeur, c'est l'impôt sur les sociétés qui déboule avec son cortège de contraintes administratives.

Cette formule, qu'on pourrait appeler l'autoédition « scindée », est hélas trop lourde pour l'auteur occasionnel qui ne vend pas ses ouvrages dans une logique réellement lucrative : il espère simplement rentrer dans ses frais.

AUTOÉDITION FUSIONNÉE

Non scindée (disons alors « fusionnée »), l'autoédition redevient un puzzle fiscal. Au minimum, on recommande aux auteurs de se déclarer auprès de l'Urssaf comme entreprise individuelle : c'est une forme juridique sans aucune étanchéité (pas de société distincte, recettes = bénéfices = impôt sur le revenu), mais elle permettra de « facturer » un livre vendu, ce qui est assez utile si vous passez par des libraires ou même par un petit diffuseur[#69] complice de votre industrie.

En aucun cas l'auteur-éditeur fusionné ne doit se présenter au fisc comme un auteur ni considérer qu'il s'autorémunère en droits d'auteur (Agessa) : c'est faux et désavantageux. Il va lui falloir potasser quelques chapitres captivants du *Code général des impôts* pour déterminer s'il est plus favorable de jouer la carte de la profession libérale ou celle du commerce de livre(s).

Quelle que soit la forme juridique de l'activité[1], les revenus déclarés par les professions libérales et assimilées sont *a priori* étiquetés « bénéfices non commerciaux » (BNC), tandis que les activités commerciales rapportent des « bénéfices industriels et commerciaux » (BIC).

(1) La déclaration en BIC impose cependant que l'auteur-éditeur exerce au sein d'une entreprise individuelle ou comme associé d'une société de personnes.

La nature des revenus (BNC ou BIC) détermine des régimes d'imposition différents mais présentant des options …

analogues relativement à la déduction des dépenses et à la prise en compte de la TVA.

L'« algorithme » présenté ci-dessous rassemble de façon très synthétique les principaux paramètres des régimes d'imposition. Observons que l'auteur-éditeur exerçant son activité de façon régulière et utilisant des méthodes quasi professionnelles aura parfois tout intérêt à opter pour une imposition en BIC (abattement de 72 % des recettes en régime « micro-entreprise »), voire en BIC *réel* s'il souhaite récupérer la TVA et déduire ses coûts de fabrication.

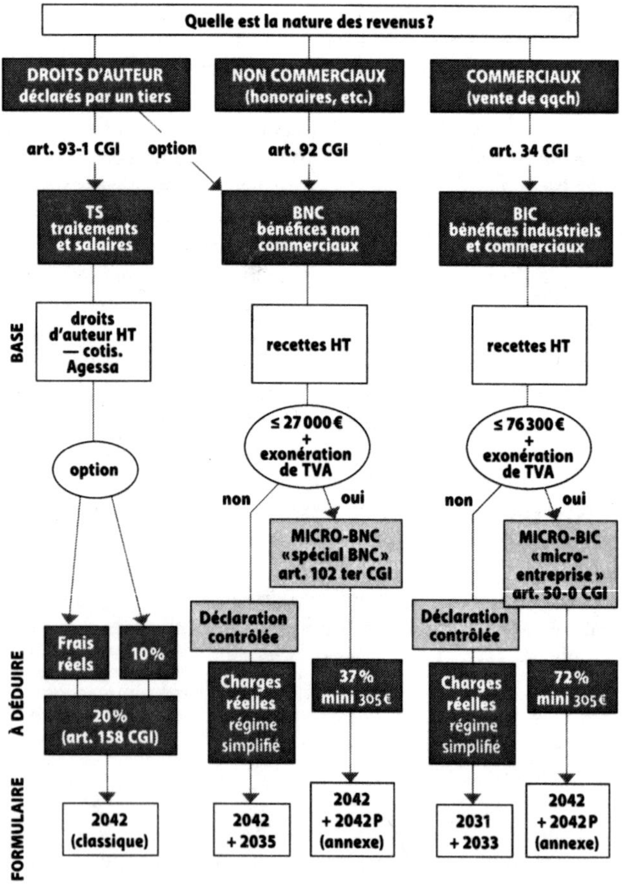

Comment vendre un livre autoédité ?

La vente d'une œuvre autoéditée exige du temps, de la persévérance... et ça ne suffira pas toujours !

Les diffuseurs-distributeurs[#69] ne s'intéressent guère à l'autoédition, pas plus d'ailleurs que les libraires. L'auteur devra prospecter lui-même dans son environnement, selon le genre traité. Le régionalisme est par essence adapté à la vente de proximité (petits commerces, porte à porte), tandis que des ouvrages techniques auront leur place en entreprise ou dans le circuit universitaire. Les œuvres de fiction demeurent extrêmement difficiles à « placer ».

En dehors de l'Association pour la diffusion des œuvres autoéditées (Adoa) et du réseau Dilicom (entrouvert à la production autoéditée), les structures de diffusion alternative sont inexistantes. Quant aux services en ligne promettant un « portail » aux auteurs, ils sont trop jeunes ou trop amateurs pour fonctionner efficacement.

La vente directe et la VPC (cette dernière solution impliquant facturation) restent les voies les plus faciles à étudier. La création d'un site-vitrine sur Internet est envisageable si l'auteur a le savoir-faire et une véritable aptitude à développer un contenu rédactionnel attractif[#100].

Enfin, quelques fines stratégies de promotion sont explorées minutieusement dans un excellent guide publié sur Internet par Serge Potteck — à consulter impérativement : *www.schemectif.net/Auto-edition/Guide.html*

Autoédition : où se documenter avant de se lancer ?

La bibliothèque idéale de l'auteur-éditeur ne compte pas seulement des guides juridiques et fiscaux. Voici une sélection d'ouvrages pour creuser plus profond.

***J'Écris et je m'édite*, J. Guenot, éd. Guenot**
Un « guide pratique de l'auteur-éditeur » abordant de front les questions les plus techniques (composition, pliage, façonnage) avec la verve mordante de Jean Guenot.

« Dossier autoédition », *Ecrire&Editer* n° 46, Calcre
Numéro du magazine *Ecrire&Editer* (oct. 2003), offrant un dossier complet sur l'autoédition : stratégies, budget, diffusion, statut juridique, Internet et « cahier pratique »

***Publier son livre*, N. Delecourt & L. Happe-Durieux**
Un des best-sellers de la collection juridique des éd. du Puits fleuri : un manuel riche de conseils et de références pour les auteurs « qui veulent être édités » ...ou s'éditer.

***Encyclopédie de la chose imprimée*, éd. Retz**
Sous la direction de Marc Combier et Yvette Pesez, une superbe mise à jour (1999) d'un livre culte des arts graphiques (*La Chose imprimée* de Dreyfus et Richaudeau).

Sur le Net
www.afnil.org : l'Afnil, votre pourvoyeur d'ISBN**#144**
www.auto-edition.com : très fouillis mais à feuilleter
www.schemectif.net/Auto-edition/Guide.html : v. **#103**
www.krakoen.com/modeEmploi.html : un guide potable

L'édition à compte d'auteur, une arnaque ?

Quand l'auteur devient client, les règles du contrat d'édition font place à celles de la consommation.

L'édition à compte d'auteur est une pratique par laquelle un auteur charge une société de fabriquer, publier et diffuser son livre contre une rémunération convenue à l'avance. Cette prestation de service est régie par l'article L. 132-2 du CPI, qui en instaure le caractère licite dans les formes d'un louage d'ouvrage tout en posant expressément son incompatibilité avec le contrat d'édition#41. Un contrat à compte d'auteur n'est *en aucun cas* un contrat d'édition.

En particulier, l'auteur édité « à compte d'auteur » :

— ne cède aucun droit sur son œuvre;

— reste propriétaire des livres fabriqués;

— perçoit le produit des ventes retranché d'une commission qui rémunère le service commercial.

Le prestataire d'édition est tenu de remplir les obligations techniques d'un éditeur#4 : fabriquer, publier et diffuser#69 l'ouvrage (obligation dite « de moyens »). En tant que maître d'œuvre, il doit aussi à son client un éclairage réaliste et professionnel quant aux risques de l'opération (obligation de conseil).

LE COMPTE D'AUTEUR ABUSIF

Dans la situation dite du *compte d'auteur abusif* (terminologie introduite par la défunte association Calcre), le …

ÉDITION TRADITIONNELLE (à compte d'éditeur)

ÉDITION À COMPTE D'AUTEUR

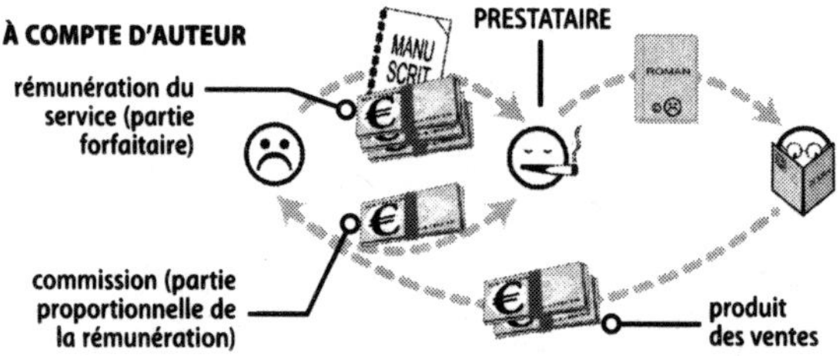

prestataire d'édition se fait passer pour un éditeur normal, propose illicitement un contrat d'édition classique assorti d'une clause de paiement par l'auteur. Il trompe l'auteur, ouvertement ou par omission, sur la qualité de son œuvre et sur les aléas commerciaux liés à ce mode d'édition.

Les livres sont souvent fabriqués, mais jamais ou très mal diffusés. Le profit dégagé par l'éditeur est de l'ordre de 50 % des sommes versées par l'auteur alors que le contrat n'est pas respecté. De l'inexécution du contrat jusqu'à l'escroquerie pure, la plage des déboires est vaste. Les auteurs mal informés subissent des préjudices moraux et financiers considérables.

QUELQUES SOURCES

- **Cose-Calcre (www.cosecalcre.com) : *association d'auteurs poursuivant l'action du Calcre, qui fut l'observatoire de salubrité publique dans le domaine de l'édition à compte d'auteur***
- **Audace (*«Annuaire à l'usage des auteurs cherchant un éditeur»*), *par* R. Gaillard, *ex-président du Calcre : une bible pour les auteurs, attribuant des cotations critiques («étoiles» et «tomates») aux éditeurs à compte d'auteur : v. #86***
- **Ecrire&Editer n° 41, «Vices et vertus de l'édition à compte d'auteur», déc. 2003, *par* P. Morfouace : *guide de survie dans la jungle du compte d'auteur; la loi, les faits, les chiffres...***

Quelles sont les obligations d'un éditeur à compte d'auteur ?

Le prestataire d'édition onéreuse est tenu d'exercer une mission précise, encadrée par le contrat de service, de louage d'ouvrage et la législation.

Un éditeur à compte d'auteur doit tout particulièrement :

1) Assumer un rôle de conseil, présenter à l'auteur (le profane) les risques et périls de l'opération d'édition de telle sorte que le consentement soit donné en connaissance de cause.

2) Fabriquer ou faire fabriquer le livre conformément à l'épreuve définitive, en respectant les clauses techniques qui auront été posées par le contrat ou le devis-contrat : format, nombre de pages, procédé d'impression, type de brochage, type de papier, présentation de couverture, caractère typographique, tirage, délai de fabrication.

3) Publier le livre (ISBN#144, dépôt légal#63, service de presse, envoi du catalogue aux libraires, publicité, etc.).

4) Diffuser#69 ou faire diffuser le livre commercialement et lui assurer une *exploitation permanente et suivie*[1]. Le contrat précisera les actions à effectuer en matière de commercialisation : démarchages, dépôt en librairies, approvisionnement, vente par correspondance, gestion des commandes, fichiers exploités, etc.).

5) Rendre compte des ventes à son maître d'ouvrage et lui en reverser le produit (ce ne sont aucunement des « droits d'auteur »), diminué d'une commission raisonnable#108.

(1) La diffusion est l'aspect le plus complexe (et le plus pervers) de l'édition à compte d'auteur. L'obligation de diffuser est une obligation de moyens, pas de résultats. Et rares sont les prestataires réellement capables de diffuser leur « marchandise », honnie par les libraires. *Voir* #107

Compte d'auteur : peut-on opter pour un service minimum ?

La diffusion étant la quadrature du cercle de l'édition à compte d'auteur, il est tentant de faire l'impasse sur cette part du service. Conséquences ?

Nous l'avons dit, l'édition à compte d'auteur a mauvaise presse auprès des libraires et des diffuseurs. Elle n'est qu'un sous-produit de l'édition classique, seule habilitée à tamiser la production intellectuelle. La promotion promise par l'éditeur-prestataire, même si elle est appareillée dans les formes, n'aura guère d'impact sur des médias rétifs et un grand public happé par les best-sellers. Des livres d'honnête facture peuvent ainsi être écartés du circuit qu'ils auraient peut-être mérité d'occuper dans une exploitation traditionnelle. Le problème se pose ici dans les mêmes termes que l'autoédition#101.

UN « COMPTE D'AUTEUR MINIMUM » ?

Dans le langage très strict du législateur (art. L. 132-2 du CPI), l'édition à compte d'auteur implique une prestation complète, c'est-à-dire : fabrication + publication + commercialisation/diffusion. Mais le législateur, trop loin du terrain, n'avait pas prévu les situations suivantes :

— l'auteur peut se satisfaire d'un tirage limité pour une diffusion *gratuite* ;

— il peut aussi souhaiter se diffuser en partie lui-même, écouler une partie du stock par ses propres moyens ;

— certains imprimeurs se dotent d'un label éditorial postiche rendant plus crédible aux yeux des libraires et journalistes l'ouvrage réalisé pour le compte de l'auteur.

Ces considérations ont conduit certains prestataires honnêtes à proposer une formule dite de « compte d'auteur minimum » (terminologie Calcre), qui constitue un compromis entre l'autoédition pure et le service réglementaire. En service minimum, le prestataire est essentiellement un imprimeur, à ceci près qu'il appose son label sur la couverture, obtient l'ISBN[#144] et procède au dépôt légal[#63].

Le cas échéant, le prestataire minimal entretient un catalogue des parutions et offre une petite vitrine Internet, mais il ne diffuse pas l'ouvrage. Il assiste l'auteur pendant le lancement (impression de matériel promotionnel, aide au service de presse, envoi d'une souscription...), mais ne gère pas les commandes. C'est là une solution raisonnable : une prestation technique et un contrat presque réduit à un devis.

QUID DU COMPTE D'AUTEUR « COMPLET » ?

Les éditeurs-prestataires parvenant à vendre des livres sont rarissimes : beaucoup font du nombre (en termes de clients !) en attendant l'accident heureux d'un petit succès qui sera toujours le fruit des efforts d'un auteur particulier noyé dans la masse. À notre connaissance, aucun éditeur à compte d'auteur appartenant à la catégorie « boulimiques » ne fournit une prestation honnête ni ne pratique une sélection éditoriale des manuscrits entrants.

Si le prestataire est intègre, la diffusion sera, 99 fois sur 100, une « diffusion maison » : circuits marginaux, mailings, VPC, réseau local... Accès impossible aux canaux nationaux : les diffuseurs/distributeurs font barrage.

Seule exception : le compte d'auteur dit « planqué », c'est-à-dire celui que pratiquent en seconde casquette les éditeurs traditionnels, glissant subrepticement cette production galeuse dans leur catalogue générique. Ils sont nombreux mais le secret est bien gardé. En dire plus ferait du tort à tout le monde, y compris aux auteurs.

Compte d'auteur : sous quelle forme les services sont-ils rémunérés ?

L'éditeur prestataire est mandaté pour commercialiser l'ouvrage. En plus des frais initiaux de fabrication, il prend donc une commission sur les ventes.

Sans présumer des méthodes proposées par l'éditeur à compte d'auteur, il faut au moins distinguer trois sortes de coûts dans les services fournis :

1) **Coûts fixes initiaux**, indépendants du nombre de ventes (maquette, composition, fabrication, stockage, mailings commerciaux...) ;

2) **Coûts proportionnels** aux ventes et internes à l'entreprise (traitement et facturation des commandes...) ;

3) **Commissions « externes »**, c'est-à-dire retenues opérées par les intermédiaires, quels qu'ils soient (les 33 % d'un libraire, les 45 % d'un diffuseur-Internet...).

FRAIS FIXES

Les coûts fixes sont forfaitaires et déterminés sur le devis attenant au contrat. L'auteur rétribue ici un maître d'œuvre, qui encadre la réalisation de l'ouvrage, les corrections, le tirage, et s'acquitte des formalités administratives liées à la publication, notamment le dépôt légal#63.

Les frais d'impression sont évidemment les plus visibles dans la facture. Pour apprécier ces tarifs, il est bon de prendre comme repère les coûts moyens d'un imprimeur pour un ouvrage similaire et de les « gonfler » d'environ 15 %, marge bénéficiaire oblige. Retenez que d'énormes écarts tarifaires (jusqu'à 80 %) sont courants et normaux en imprimerie, les variables étant innombrables (machines, papier, calage, offset/numérique#139...). Consultez les fourchettes indicatives données en **#109**.

Le «prépresse» couvre la saisie et la mise en page, opérations consistant essentiellement à couler le texte «au kilomètre» apporté par l'auteur dans un gabarit préétabli. À moins que le prestataire offre un réel service de création typographique (conception de maquette), les coûts prépresse doivent rester modiques#109.

PRODUIT DES VENTES ET COMMISSIONS

Mandaté par l'auteur pour exploiter l'ouvrage, le prestataire d'édition prélève un pourcentage du produit des ventes en rémunération de ses efforts commerciaux. Une marge de 10 à 20% est largement suffisante, car on ne voit pas comment le prestataire d'un service souvent minimaliste pourrait justifier d'une rétribution supérieure à celle que prend un diffuseur#69.

En théorie, cette retenue devrait s'opérer sur ce que le prestataire a effectivement encaissé (déduction faite des commissions prélevées par les intermédiaires).

Toutes les opérations étant faites pour le compte de l'auteur, elles réclameraient en toute logique une ventilation des comptes selon les canaux de diffusion (ventes directes, ventes en librairie...). Mais en réalité, les éditeurs à compte d'auteur tendent à raisonner sur l'assiette du produit brut (*«vous toucherez 60% sur les ventes»*), d'une part pour masquer la ventilation sectorielle, d'autre part pour créer l'illusion valorisante d'un pourcentage de droits d'auteur#52, conception évidemment erronée dans le contexte d'une prestation de services#105 pour laquelle l'auteur ne cède aucun droit.

Ce dernier ne doit donc jamais oublier qu'il est un client et qu'il a droit à une reddition des comptes aussi exacte que limpide de la part de son mandataire.

Faire fabriquer un livre, combien ça coûte ?

Voici des fourchettes tarifaires « normales » pour deux ouvrages types : une PLAQUETTE de 48 pages et un LIVRE COURANT de 256 pages.

Prépresse

— **saisie et mise en page** : fourchette observée entre **2 et 4 €**/page pour une saisie simple et un travail typo « non créatif » sans incorporation graphique. **4 €** est une borne supérieure, justifiée si nombreux hors-texte. **2 €** est souhaitable quand la saisie est fournie par l'auteur ;

— **création de maquette de A à Z** : **400 à 600 €** global, si l'auteur souhaite une maquette personnalisée ;

— **traitement d'images** : scan, chromie, inclusions dans l'ouvrage : **15 à 20 €** par image.

Imprimerie (reliure « dos carré collé »#142)

— Tirage offset (flashage inclus) :	
PLAQUETTE à 500 ex. :	**700 à 1300 €**
OUVR. COURANT 1000 ex. :	**3000 à 5500 €**
— Tirage numérique (pas de flashage) :	
PLAQUETTE 200 ex. :	**400 à 750 €**
OUVR. COURANT 400 ex. :	**2000 à 3200 €**
— Supplément couv quadri *(optionnel)* :	
OFFSET 500 ex. :	**200 à 300 €**
OFFSET 1000 ex. :	**250 à 450 €**
NUMÉRIQUE 200 ex. :	**100 à 150 €**
NUMÉRIQUE 400 ex. :	**150 à 200 €**

Comment détecter un compte d'auteur «larvé»?

Tromperie, abus voire escroquerie sont fréquents dans les eaux troubles de l'édition onéreuse, surtout quand elle ne dit pas son nom...

Indice préliminaire : considérez que toute société se disant, par voie de publicité, à la recherche de manuscrits, est une officine d'édition à compte d'auteur. Aucun éditeur traditionnel n'agiterait pareille annonce. Le prestataire de service adressant à l'auteur une note de lecture dithyrambique est suspect : l'avis favorable est, au mieux, une affabilité commerciale. La valeur du manuscrit n'est pas un élément déterminant dans un système où l'auteur paie.

Outre les points mentionnés dans les questions **#105** à **#109**, l'auteur se méfiera du prestataire qui, se faisant passer pour un éditeur traditionnel :

— lui demande un dessous-de-table;

— mentionne dans son contrat le versement d'une somme non remboursable prétendument destinée à faciliter la publication;

— l'oblige à acheter une fraction du tirage;

— exige un prêt remboursable sur les ventes;

— demande que la composition, que tout ou partie de la maquette ou que la campagne de publicité soient financées par l'auteur;

— conditionne la signature du contrat au résultat d'une souscription (à moins que l'auteur y soit de sa poche);

— n'accorde des *droits d'auteur* (!) qu'à partir du moment où il a couvert ses frais.

L'éditeur à compte d'auteur doit-il assurer la correction orthographique du livre ?

La question taraude la plupart des clients de l'édition à compte d'auteur : qui donc doit corriger les fautes ?

En tant que maître d'ouvrage ayant plein monopole sur le « matériel » qu'il fournit au prestataire, l'auteur est responsable de son texte de A à Z. De ce point de vue, il en assume la correction ou l'incorrection. Cependant, les usages de la profession, l'obligation de conseil et l'obligation de moyens qui pèsent sur l'éditeur à compte d'auteur[#106] lui imposent de détecter les fautes et de signaler à l'auteur que l'ouvrage serait impubliable en l'état. Certains prestataires ont déjà été condamnés sous ce rapport, pour faute professionnelle.

En pratique, et dans son propre intérêt, l'auteur est tenu de remettre un texte soigneusement relu et corrigé, de même qu'il corrigera les épreuves[#136] avant le bon à tirer[#67] selon les conventions de l'édition traditionnelle.

De son côté, l'éditeur-prestataire est tenu d'assurer la composition de l'ouvrage, ce qui inclut automatiquement sa relecture : elle entre naturellement dans les frais de réalisation imputés à l'auteur. Ainsi, un contrat déchargeant l'éditeur de toute révision du texte est en contradiction avec la loi qui, dans le terme *éditer,* entend un ensemble d'actes professionnels conformes aux règles du métier. Mais rien n'empêche le prestataire de tarifer cette part des frais de réalisation selon un barème qui tienne compte de l'état initial du manuscrit…

Qu'est-ce qu'un contrat de « compte à demi » ?

L'édition de compte à demi est une formule contractuelle fondée sur le régime des sociétés en participation.

Régi par l'article L. 132-3 du CPI, le contrat d'édition dit « de compte à demi » constitue une société en participation dans laquelle l'auteur apporte son manuscrit et l'éditeur-partenaire son industrie. Le financement est donc intégralement à la charge de ce dernier. Les parties conviennent alors de partager les bénéfices et les pertes de la société dans les proportions définies au contrat.

Encadré par les articles 1871 et suivants du *Code civil*, le régime des sociétés en participation se révèle très complexe. Il est souvent appliqué à mauvais escient par des éditeurs voulant distinguer leur *business model* du trop malfamé régime de l'édition à compte d'auteur. En principe, l'auteur n'injecte pas un centime d'euro au début de l'opération, et, pas plus qu'en contrat à compte d'auteur[#105], il ne cède ses droits patrimoniaux[#8].

Malgré des adaptations parfois séduisantes sur un plan théorique, l'édition de compte à demi reste une modalité contractuelle rarissime, car de nature précaire et périlleuse pour les deux parties.

Quelles règles s'appliquent aux publications périodiques ?

Le droit des revues (périodiques d'information ou de création) reflète simultanément le droit de la presse et le *Code de la propriété intellectuelle*.

Les revues constituent le vecteur par excellence de la production culturelle et scientifique. Pas loin d'un million de titres sont référencés à l'échelle internationale par la banque ISSN (homologue de l'ISBN#144 dans le domaine des publications en série). En France, le vivier des périodiques et fanzines de création (nouvelle, poésie, BD, etc.) compte plusieurs milliers de titres[1].

(1) Cf. *Arlit*, «Annuaire des revues littéraires et compagnie», v. **#86**

La très grande majorité des revues se diffusent par abonnement, le tirage moyen étant inférieur à 500 exemplaires. Ces supports n'accèdent qu'exceptionnellement à la «diffusion presse» contrôlée par les NMPP (Nouvelles messageries de la presse parisienne) et les MLP (Messageries lyonnaises de presse).

Cependant, le caractère parfois très confidentiel des revues ne les soustrait pas au droit de la presse (loi du 29 juillet 1881), qui impose en particulier :

— le choix d'un *directeur de publication*, principal responsable juridique#32 des textes et œuvres publiés (il doit être majeur et jouir de tous ses droits civils);

— un dépôt légal consistant en une déclaration écrite au procureur de la République au moment du lancement, assorti d'expéditions obligatoires (une douzaine d'exemplaires au total) au parquet et au ministère de l'Intérieur;

— le respect des règles habituelles relatives au droit de réponse, à la diffamation#33 ou autres infractions.

REVUE ET DROIT D'AUTEUR

L'usage dominant, et la situation économique des petites publications, font que les collaborateurs ponctuels ou réguliers de « l'œuvre revuistique » ne sont que très rarement rémunérés. Est-ce à dire qu'ils « cèdent » des droits#8 à titre gratuit#57 ? La jurisprudence a constamment réaffirmé un principe, qui s'étend d'ailleurs à l'ensemble de la presse : « à défaut de convention expresse avec les journalistes, la cession des droits sur leurs articles est limitée à une première publication » [Strasbourg, 1998].

Ce « droit de reproduction unique » est absolument renforcé en l'absence de rémunération. Sa très courte durée de validité fait souvent préférer le terme de *licence expresse* ou d'*autorisation ponctuelle* plutôt que celui de *cession*, évidemment excessif en l'absence d'un acte formel. En tout état de cause, un auteur publié dans un périodique, quel que soit le cadre contractuel, conserve le privilège de rassembler ses articles sous forme de recueil#20.

Le contrat qui lie le directeur de publication à chaque contributeur est généralement moral, tacite, ce qui exclut un usage des droits étendu dans le temps ou l'espace. Par exemple, un auteur de BD publié dans un fanzine n'autorise aucunement — sauf clause expresse — la publication de ses dessins sur le site Internet dudit fanzine. Le droit moral#7, de son côté, reste pleinement opérationnel et impose notamment la reproduction exacte d'un texte retenu pour la publication et l'indication explicite du signataire de chaque article, récit, nouvelle, œuvre graphique ou photographique (« crédit photo »#31).

En tant qu'*œuvre plurale*#36 publiée sous la responsabilité d'un directeur de publication (assisté d'un rédacteur en chef et/ou d'un comité de rédaction), la revue est souvent considérée par défaut comme placée sous le régime de l'œuvre collective. On observera pourtant que les contributions y sont discernables, ce qui n'exclurait donc pas la qualification en œuvre de collaboration#36.

Comment être publié dans une revue littéraire ?

Nouvelle, poésie, chronique satirique... Moult genres se prêtent au format court inhérent aux revues de création. Un bon moyen de se dégourdir la plume.

La galaxie des revues littéraires et assimilées offre aux auteurs un vaste espace d'expérimentation et de rencontres. Mais, pas plus qu'on n'envoie son manuscrit au hasard de la brousse éditoriale, on ne soumettra pas ses textes aux revues sans les trier minutieusement. Chaque revue a son style, sa vocation, son profil, son lectorat...

Ainsi, les revues dédiées à la poésie classique tendent à favoriser la publication de leurs abonnés. Les titres orientés science-fiction, fantasy, fantastique, sont assez compartimentés et imposent à l'auteur une connaissance quasi scientifique des lois du genre. Les revues publiant des nouvelles littéraires ou de courts récits (*Brèves, Nouvelle donne, L'Encrier renversé*...), souvent connectées à une maison d'édition, retiennent les auteurs en phase avec une ligne éditoriale plus ou moins élitiste, plus ou moins narrative[1].

(1) Pour un panorama complet, reportez-vous à *Arlit*, « Annuaire des revues littéraires et compagnie », v. **#86**

Bref, chaque support a son identité et ses protocoles. Il est nécessaire de les apprivoiser avant tout démarchage : lire régulièrement la publication, analyser sa structure (rubriques, taille des textes et articles), faire connaissance avec l'équipe rédactionnelle (Marché de la poésie, salon de la revue). La probabilité de publication est très élevée si l'auteur prépare son « entrée » avec lucidité.

Un journaliste peut-il être payé en droits d'auteur ?

La mode consistant à «*payer les pigistes en Agessa*» nuit gravement à la qualité statutaire de journaliste.

Tandis que les petites revues (souvent de culture associative), paient ordinairement les auteurs en monnaie symbolique#113 (estime, abonnement gratuit…), la rétribution réelle des auteurs-journalistes s'impose dans le contexte de la presse professionnelle.

Le professionnel, qu'il soit journaliste intégré à la rédaction ou pigiste «volant», est normalement rémunéré d'un salaire (bulletin de paie, cotisations, etc.), lequel salaire est la contrepartie du travail fourni à l'éditeur de presse sans préjudice des droits liés à la propriété intellectuelle.

Certes, les rédacteurs de tribunes, billettistes occasionnels, nouvellistes estivaux et autres chroniqueurs-experts débauchés de leur activité principale sont de préférence rémunérés en droits d'auteur (déclaration Agessa#73), système très avantageux pour l'entreprise de presse. Cela reste une formule équivoque — quels droits sont réellement cédés à l'éditeur ? — et les syndicats la condamnent vigoureusement lorsqu'elle est imposée aux pigistes professionnels détenteurs de la carte de presse.

Si deux statuts se télescopent, il va de soi que celui de journaliste (salarié) est plus sécurisé que celui, strictement civil, d'auteur#3. Certes, le journaliste reste un auteur aux yeux du CPI, mais c'est une autre histoire.

Que faut-il espérer de la cyberédition ?

L'édition « cyber » est moribonde et déjà presque archaïsante. N'attendez du Web qu'un petit effet-vitrine, à supposer que la rue soit passante.

CYBERÉDITION HIER, CYBERPRESTATION AUJOURD'HUI

La première maison d'édition en ligne (Editel, 1995) espérait provoquer un électrochoc culturel face aux mammouths de l'édition traditionnelle. Or, non seulement le fondateur de la *cyberédition* francophone n'a pas vu cesser le règne des banquiers et du papier, mais son utopie d'une nouvelle édition libérée et autonome s'est écroulée. Entre 1995 et 2004, les éditeurs Internet qui avaient misé sur la créativité et formalisé leur activité autour de « vrais » contrats d'édition ont agonisé les uns après les autres : Olympio, oohoo, Nomadbooks, Edibook, Sycomor… Aucune de ces cyber-maisons n'a survécu aux mirages de la net-économie.

L'édition en ligne avait à résoudre deux dilemmes : 1) comment rémunérer l'auteur, l'éditeur, la production éditoriale… au pays du tout-gratuit ? 2) comment faire respecter le droit d'auteur au pays du copier-coller ?

Aujourd'hui, les groupes multimédias tirent leur épingle du jeu. L'édition en ligne d'hier a cédé la place à des prestations de service, notamment autour des livres « à la demande » imprimés par les bons soins des technologies numériques[#139]… Ironie du sort : le papier continue de mieux se vendre qu'un service dématérialisé.

Les nouveaux canaux (impression numérique, mobiles, ebook, peer-to-peer, etc.) ont avivé des modes de consommation sans déclencher la moindre révolution éditoriale, cette fameuse révolution du « contenu » qu'espéraient les pionniers. Même la création hypermédia, sur laquelle tant d'oracles se penchaient naguère, franchit péniblement aujourd'hui les portes de Paris VIII.

EXPLOITER UNE ŒUVRE EN LIGNE ?

L'obligation d'exploitation permanente et suivie est le point névralgique du débat sur l'édition en ligne. Des cybersociétés prétendent « éditer » des œuvres quand elles ne font que brasser des manuscrits à travers des dispositifs logiciels. Problème crucial : la « promotion passive » des auteurs. L'éditeur crée un portail Internet où s'empilent des armadas de textes. Les internautes consultent des extraits, discutent, comparent, et génèrent ainsi des chiffres d'audience qui font remonter à la surface les œuvres affichant le meilleur score. L'éditeur n'a procédé à aucun travail : il s'est reposé sur la sélection naturelle. Ce modèle éditorial est un leurre pour les auteurs. Une œuvre *éditée* ne peut qu'être choisie par l'éditeur ! Sinon, comment lui assurer une promotion réelle, adaptée, militante ?

Ainsi, l'auteur contemporain ne doit pas attendre beaucoup des formules inspirées par Manuscrit.com ou Publibook. Gratuits ou payants, ces services n'apportent qu'une micro-visibilité Web à des auteurs qui fournissent (et parfois *cèdent*, abusivement[#105]) du contenu à bon compte.

Mais s'ils restent réalistes et pragmatiques, les auteurs peuvent utiliser judicieusement ces plateformes. Entre l'impression à la demande à prix modique, l'exploitation des statistiques d'accès à sa vitrine, l'analyse des commentaires laissés par les internautes, le traitement simplifié des commandes, la mise en avant de son image et de son œuvre sur un média branché, il y a maintes façons de tirer bénéfice de la pseudo-cyberédition en feignant de croire à ses vertus. L'essentiel est de ne pas signer de contrat trop aliénant[#117].

Quelles règles s'appliqueraient à l'édition Internet ?

Longtemps suspecté de vacuité juridique, le réseau des réseaux a-t-il retrouvé le chemin du droit ?

Un site Web peut être apparenté à un service de communication audiovisuelle au sens de la loi nº 86-1067 du 30/09/1986. En principe, l'activité est déclarée auprès du procureur de la République. Le parquet compétent est celui du domicile ou du siège social de l'éditeur en ligne. Selon l'article 37 de la loi, un service de communication audiovisuelle doit tenir à la disposition du public le nom du directeur de publication et celui du responsable de la rédaction (*v. aussi* **#113**).

Pour les premiers cyberjuristes, un lien hypertexte pointant sur un site externe s'analysait en une citation et devait se justifier *« par le caractère critique, polémique, pédagogique, scientifique ou d'information »* de l'œuvre citante[#13]. Mais le régime des hyperliens a perdu beaucoup de souplesse ces dernières années.

BALISES JURIDIQUES POUR L'ÉDITION EN LIGNE

Concernant spécifiquement l'édition d'une œuvre sur le Net, on peut rassembler les repères suivants :

— conformément à l'article L.131-2 du CPI, les contrats *« de représentation, d'édition et de production audiovisuelle [...] doivent être constatés par écrit »* ;

— quel que soit le contrat convenu, chaque droit cédé doit faire l'objet d'une clause spécifique ;

— l'exercice du seul droit de reproduction d'une œuvre n'emporte pas celui de la représenter et par conséquent n'est pas suffisant pour permettre sa mise en ligne;

— la diffusion (totale ou partielle) d'une œuvre sur Internet implique reproduction : elle sera donc contrefaisante#30 si elle est effectuée sans l'autorisation des ayants droit;

— un éditeur/producteur électronique qui ne serait pas titulaire des droits permettant l'exploitation d'une œuvre en ligne peut négocier avec l'auteur une nouvelle autorisation comportant expressément le droit d'exploitation sur le réseau Internet et accessoirement le droit de charger l'œuvre sur tout serveur;

— l'utilisateur d'Internet peut diffuser les œuvres du domaine public sous réserve de respecter les droits de l'éditeur ou du producteur d'origine;

— le dépôt légal vise en principe les publications en ligne mais son formalisme n'est pas encore instauré[1]; le scénario d'une œuvre multimédia est « déposable » selon les procédés habituels#89-#90 — l'Agence pour la protection des programmes[2] offre un traitement étendu à l'ensemble des œuvres numériques.

(1) Dans sa rubrique « dépôt légal », le site de la Bibliothèque nationale de France présente le dépôt Internet comme expérimental : *www.bnf.fr*

(2) Le site de l'APP lutte férocement contre le piratage : *http://app.legalis.net*

(3) « Le contrat type de l'édition en ligne », P. MORFOUACE & S. BELLINA, *E&E* n° 34, oct. 2001

MODÈLE DE CONTRAT D'ÉDITION

Il revient au magazine *Ecrire&Editer*#86 d'avoir publié et développé un modèle[3] sans précédent de « contrat d'édition en ligne d'une œuvre de littérature ». Ce patron contractuel pose des jalons permettant d'encadrer très minutieusement les processus techniques et juridiques sous-tendant l'édition réseau.

On recommande aux éditeurs et aux auteurs de s'en inspirer pour cerner les paramètres déterminant une cession de droits électroniques. Y sont notamment défrichées les options suivantes quant aux modes d'exploitation :

a) droit de conversion et de reproduction numérique;
b) droit de représentation sur le réseau;
c) droit de reproduction par impression à la demande;
d) droit de reproduction sur supports numériques;
e) droit d'intégration dans une œuvre multimédia.

Un « cyberéditeur » peut-il passer de la pub au sein de l'œuvre diffusée ?

Le problème de la publicité « embarquée » se pose de façon nouvelle sur le Net, qui voit proliférer tout azimut bannières et liens commerciaux.

L'intégration de messages publicitaires est une pratique quasi mécanique inaugurée par les hébergeurs de sites gratuits et qui s'est étendue à l'ensemble du Web. Mais, dans le cadre de l'édition en ligne#117, elle requiert au minimum l'autorisation de l'auteur et une solide réflexion.

Bien que l'éditeur cessionnaire, chargé de l'exploitation, ait les mains libres pour assurer au mieux, d'une part la promotion de l'œuvre, d'autre part le financement de son activité Internet, il n'est pas libre *a priori* d'utiliser l'œuvre comme support publicitaire : cette option relève en effet du droit moral#7 de l'auteur, qui peut y voir au-delà d'un parasitage déplaisant une « atteinte à l'intégrité de l'œuvre ». Un exemple extrême serait l'insertion d'un lien vers un site pornographique au milieu d'un hypermédia dédié à la poésie visuelle…

Par ailleurs, sur un plan patrimonial, les échanges de bannières publicitaires intégrées — fenêtres « pop-up », boutons cliquables, images surimposées, etc. — génèrent des recettes qui devraient en toute logique retentir sur l'assiette des droits d'auteur. Il est donc impérieux que les parties délimitent ces mécanismes dans le contrat, avec précision et prévoyance.

Livre « à la demande », quelles sont les parts du gâteau ?

Impression numérique, vente directe par Internet, satisfaction des commandes immédiates d'un libraire… Le livre à la demande se soustrait aux artilleries lourdes de l'imprimerie et de la diffusion.

Tandis que la commercialisation traditionnelle d'un ouvrage aspire 55 % du prix de vente dans la diffusion-distribution[#69], l'alternative du livre « à la demande » redistribue les parts du gâteau. Imprimé à l'unité[#139] et diffusé sans intermédiaire, l'ouvrage est un peu plus cher à fabriquer mais beaucoup moins cher à vendre. Les coûts de stockage disparaissent : pas de tirage ! Et la commande ponctuelle du libraire absorbe seulement ses 35 % de remise. Ainsi, l'économie du livre est modifiée au bénéfice de la part éditeur et devrait entraîner une hausse des droits d'auteur, rarement observée sur le terrain…

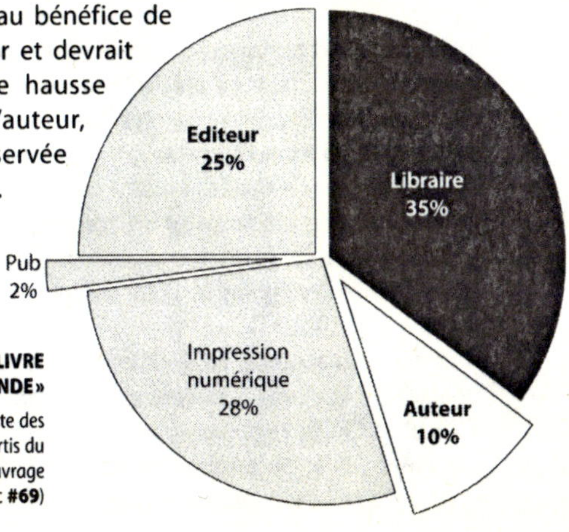

LES PARTS DU LIVRE « À LA DEMANDE »

Estimation réaliste des pourcentages répartis du prix HT de l'ouvrage (à comparer avec **#69**)

Comment établir une «note de droits d'auteur»?

Les voies parallèles de l'édition peuvent conduire l'auteur à émettre lui-même une facture ou note d'honoraires à déclarer auprès de l'Agessa.

Les droits d'auteur n'étant pas systématiquement objets d'un classique contrat de cession#41 mettant la déclaration Agessa#73 à la charge du cessionnaire, l'organisme de gestion de la sécurité sociale a prévu un modèle[1] de «note de droits d'auteur» à adapter selon votre profil... et votre «client». Il intéresse par exemple les photographes, mais peut encadrer une contribution rédactionnelle ponctuelle ou autre forme de prestation intellectuelle (atelier littéraire en milieu scolaire, encadrement d'une création collective...).

(1) Cf. *agessa.org*

Il s'agira soit d'honoraires, soit de la contrepartie d'une autorisation portant sur les droits de reproduction et/ou de représentation. L'Agessa réclame des précisions sur la durée, le support et l'étendue géographique de l'autorisation générant des droits. Si votre dernier chiffre d'affaires annuel n'excède pas **37400€ HT**, n'appliquez pas la TVA de 5,5% et portez sur la facture la référence à l'article 293B du *Code général des impôts* (v. aussi **#102**).

Une fois le total établi, on déduira : *a)* le précompte Agessa (maladie + veuvage) : **0,85%** du montant brut HT; b) la CSG et la CRDS, respectivement de **7,5%** et **0,5%**, mais calculées sur **97%** du montant brut HT! Le net à payer résulte de ces trois soustractions.

F

fiches techniques

Cette rubrique présente, sous la forme de mémos ou schémas simplifiés, une batterie d'opérations éparses liées à la conception d'un ouvrage. Elle intéressera aussi bien les auteurs désireux de finaliser un « tapuscrit » dans les normes que les auteurs-éditeurs poussant leurs compétences jusqu'à la réalisation du livre lui-même. Les dernières fiches rassemblent des références plus générales relatives aux activités littéraires et au monde de l'édition.

Le tapuscrit réglementaire

Ce néologisme désigne un manuscrit tapé à la machine (dactylographié) ou imprimé après une saisie informatique. Les manuscrits « à la main » n'ont plus aucune chance de trouver un lecteur dans une maison d'édition.

FOLIOS
On recommande de porter les folios (nos de page) en haut à droite de chaque feuillet. L'emploi d'une couleur bleue est un moyen pratique de distinguer le tapuscrit original de ses photocopies.

PAPIER
Utilisez du papier « bureautique » A4 ordinaire, blanc, à 70 ou 80 g/m² (impression au recto seul !)

RELIURE
Reliez le document avec des agrafes ou des pinces en plastique. La reliure spirale est peu prisée par l'intendance éditoriale : les manuscrits s'empilent mal !

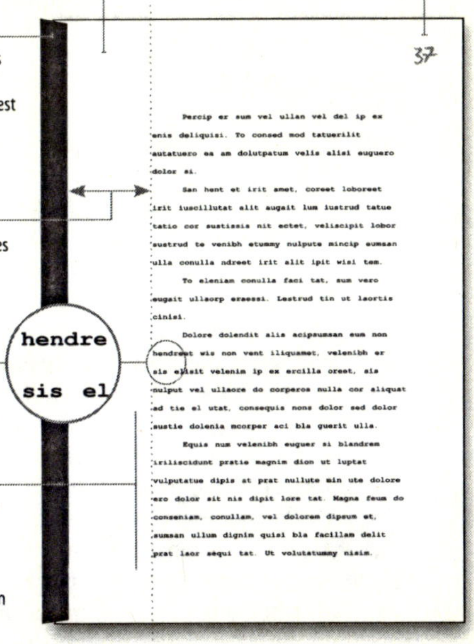

MARGES
Au moins 5 cm à gauche : ces marges seront très utilisées par les relecteurs et futurs correcteurs…

CARACTÈRE
Choisissez un caractère sans fioritures : Courier, Univers, Times

INTERLIGNE DOUBLE
Le feuillet standard compte 1500 signes (25 lignes de 60 caractères). On ajuste donc l'interlignage pour s'en approcher.

Traitement de texte

DÉFINITION

Les logiciels de traitement de texte permettent la saisie, les corrections et la mise en forme rudimentaire d'un ouvrage. L'auteur choisit un format de document, les marges, la police de caractères courante et celle utilisée dans les notes, légendes, etc. L'utilisation de «feuilles de styles» (réglages typographiques prédéfinis par l'utilisateur) permet de maintenir un document visuellement cohérent.

Tous ces logiciels intègrent les tableaux, graphiques, compositions multi-colonnes... La correction orthographique, la recherche de synonymes, la gestion des coupures de mots, l'espacement des lignes et des paragraphes, la pagination automatique sont des fonctionnalités courantes.

QUE CHOISIR ?

Word, logiciel inclus dans la suite Microsoft Office, est le leader incontestable des traitements de texte, mais une artillerie lourde et onéreuse.

OpenOffice (module texte) est un excellent clone de *Word*, en version gratuite !

AbiWord, autre gratuiciel, offre des fonctionnalités plus réduites mais convient parfaitement aux petits ouvrages.

TreePad, moins connu, est un organiseur hiérarchique de textes. À recommander aux auteurs d'essais et d'ouvrages techniques.

FinalDraft et ***ScenarioPro*** sont deux logiciels spécialisés dans l'écriture et la mise en forme de scénarios.

› *openoffice.org, abiword.org, treepad.com, thecreativevalley.com, finaldraft-online.com*

Les logiciels de mise en page (PAO)

PRINCIPE

Les logiciels de mise en page (on parle alors de PAO : *publication assistée par ordinateur*) s'adressent aux maquettistes et aux auteurs désireux ou contraints de réaliser la composition de leur ouvrage : maquette, typographie, styles, graphismes, couleurs, etc.

LES CONCURRENTS

Avant de vous ruiner, assurez-vous que votre traitement de texte ne ferait pas l'affaire, car…

***XPress* (Quark)**
Logiciel leader, *XPress* est un investissement lourd pour un particulier : plus de **2000 €** pour la version Passport 6[1]. L'atavisme de la chaîne graphique fait que maints professionnels « élevés à *XPress* » le considèrent comme définitivement indéboulonnable.

***InDesign* (Adobe)**
Risquons-nous au prosélytisme : *InDesign* est le meilleur outil de traitement typographique existant aujourd'hui. L'expérience montrera aux maquettistes les plus maniaques que ce concurrent déclaré d'*XPress* le vaut largement en beaucoup moins cher : **1350 €** pour la version 3 / CS[1]. Problème : *XPress* domine le parc graphique et peut pousser les « pros » à disqualifier *InDesign* pour raison d'incompatibilité.

***Publisher* (Microsoft)**
Une mise en page de très bas niveau s'accomodera de *Publisher* (env. **200 €** en 2003), un logiciel désormais inclus dans la suite *Office*. N'espérez aucun miracle !

(1) Tarif conseillé par l'éditeur début 2005

Intégration d'éléments graphiques au tapuscrit

PRINCIPE

Pour simplifier le traitement par le secrétariat d'édition, les éléments graphiques (dessins, photos…) sont annexés au tapuscrit — y compris les tableaux et organigrammes exécutés par l'auteur.

FIGURES ET LÉGENDES

Les numéros des figures se composent en chiffres arabes. Le terme *figure* ne s'abrège qu'entre parenthèses, en notes ou en légende (sous les illustrations) :

FIG. 3. — *Vue aérienne*

DESSINS, ILLUSTRATIONS

À moins que l'auteur ne livre un document maquetté (PAO), les dessins à incorporer seront exécutés sur papier blanc. Le tracé des ébauches sera gommé ou réalisé au crayon inactinique (qui disparaît en prise de vue).

PHOTOS

Si besoin, l'auteur fournit des diapos couleur ou des bromures noir et blanc. Il indique les cadrages souhaités avec des *Post it* et les taux d'agrandissement ou de réduction. Ne pas coller les clichés à même le tapuscrit. Tous les composants (photo)graphiques sont identifiés par un numéro d'ordre qui facilitera leur indexation.

PAO

Si l'auteur fournit un tapuscrit « monté » avec photos et infographies, il veillera à travailler en résolution de 600 ppp minimum. Le format de sortie à privilégier est le PDF#125.

Le format PDF

DÉFINITION

PDF (*Portable document format*) est un format numérique reflétant le contenu exact d'une mise en page (livre, revue...). Le langage informatique sous-jacent (PostScript) a été introduit par la société Adobe. Les PDF sont devenus populaires du fait de la gratuité du logiciel *Acrobat Reader* permettant de les visualiser.

DISTILLER UN PDF

Tout document constitué de textes et d'images peut être converti (*distillé*) en PDF. Les imprimeurs travaillent volontiers avec ce format «final» leur évitant de retraiter avec les logiciels de mise en page exploités en amont.

Principes à retenir :

— le PDF incorpore les images et décrit les couleurs de l'ouvrage selon les consignes fournies au logiciel distilleur[1] : la résolution requise (images) doit être connue à l'avance;

— les images en couleurs doivent être converties dans l'espace colorimétrique CMJN;

— les fontes de caractères ne sont pas toujours incorporées au PDF, elles existent alors en tant que références : il est impératif de fournir à l'imprimeur les polices manquantes;

— le format du livre est fixé dans le PDF, ainsi que les repères de montage voulus par l'imprimeur;

— l'imprimeur remet parfois à l'éditeur un fichier «PPD» qui œuvre avec le distilleur pour produire un fichier PostScript compatible avec la technologie d'impression prévue.

(1) Tous les logiciels de PAO (*XPress, InDesign*) proposent une fonctionnalité d'export en PDF

Saisie des caractères spéciaux

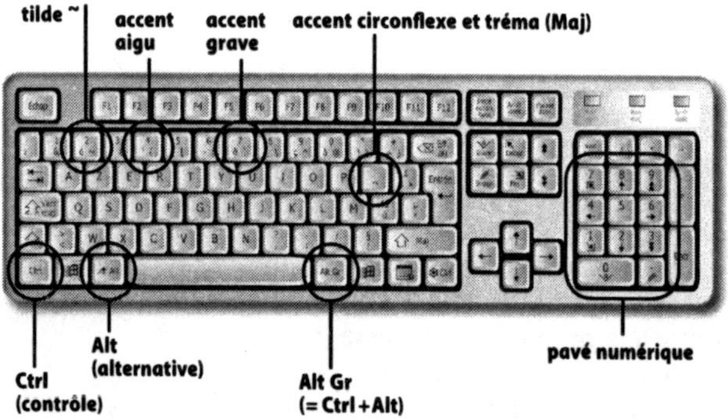

Les **majuscules accentuées** et autres caractères inaccessibles à la saisie directe déboussolent les profanes. Sur Mac, le « clavier magique » résout vite les problèmes. Sur PC, sauf à lancer le module « Table de caractères » (*charmap.exe*), on doit se livrer à quelques acrobaties. Les fameux Ctrl et Alt, combinés aux touches « mortes » dévolues aux accents, rendent de nombreux services. Il suffit en effet d'*armer* un accent avant de saisir la minuscule ou majuscule à affecter. Par exemple, pour produire un *Ê*, on arme la touche accent circonflexe puis on saisit *E* (Maj + E).

ARMER LES ACCENTS...

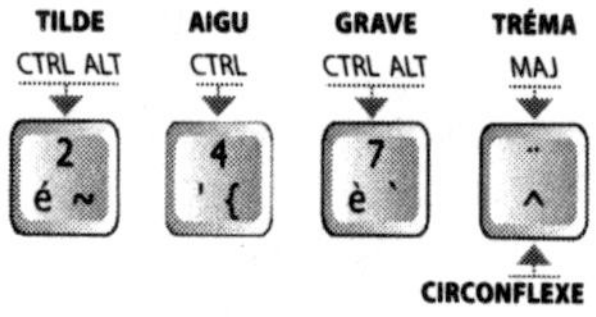

DIGICODES ASCII / LATIN-9

Autre solution pour saisir des caractères exotiques, enfoncer la touche Alt et taper le code adéquat sur le pavé numérique :

À 0192	Œ 0140	ò 0242	± 0177
Á 0193	Ç 0199	ó 0243	× 0215
Ã 0195	Ñ 0209	õ 0245	÷ 0247
Å 0197	Ø 0216	ø 0248	¼ 0188
È 0200	Ý 0221	ý 0253	½ 0189
É 0201	Ÿ 0159	ÿ 0255	¾ 0190
Ò 0210	á 0225	ß 0223	© 0169
Ó 0211	ã 0227	¡ 0161	¶ 0182
Õ 0213	å 0229	¿ 0191	– 0150
Ù 0217	æ 0230	¢ 0162	— 0151
Ú 0218	œ 0156	¥ 0165	™ 0153
Æ 0198	ñ 0241	… 0133	› 0155

Lignes et paragraphes

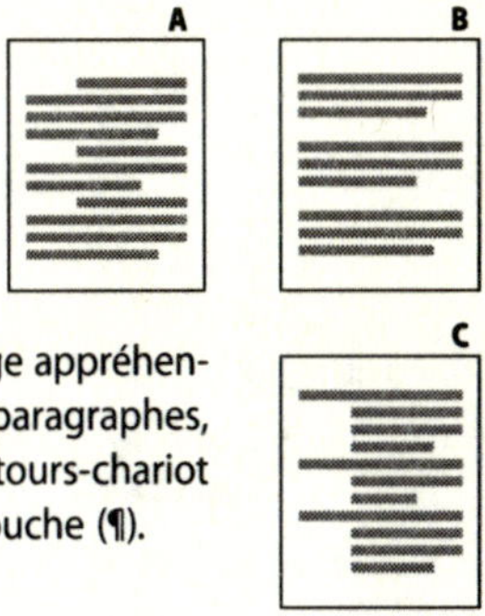

Compositions
A : en alinéa
B : au carré
C : en débord

Les logiciels de saisie et de mise en page appréhendent le texte comme un ensemble de paragraphes, groupes de lignes délimitées par les retours-chariot (ENTRÉE) symbolisés par un pied-de-mouche (¶).

Alinéas
L'alinéa désigne le débord ou le renfoncement ménagé au début d'un paragraphe. On le produit usuellement avec la touche de tabulation (TAB). La composition *en alinéa* est la plus traditionnelle : chaque première ligne est repoussée de quelques millimètres (une à quatre fois la largeur d'un *M*). La composition *au carré* s'affranchit de l'alinéa mais nécessite une ligne de séparation entre les paragraphes (on utilise l'attribut « espace après » pour programmer cette mise en forme dans une feuille de style). Enfin, la composition *en débord* fait saillir à gauche la première ligne des paragraphes.

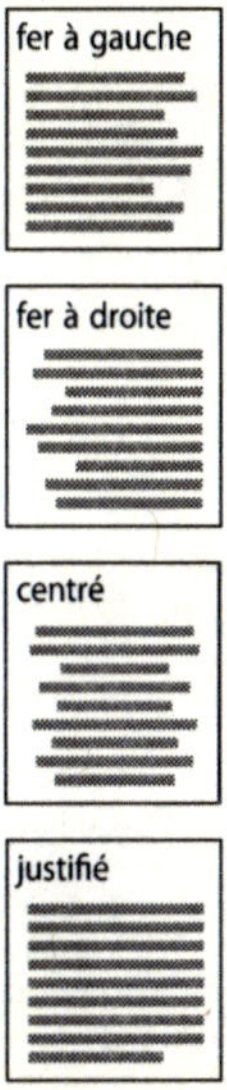

Justification et interlignage
Les paragraphes sont justifiés à gauche et à droite de diverses façons : *au fer à gauche* ou *à droite*, *centrés* ou *justifiés des deux côtés* moyennant la répartition homogène d'espaces justifiantes au sein de la ligne.
L'interligne mesure la hauteur séparant deux lignes de base, c'est généralement une propriété que les logiciels attachent au paragraphe. Sa valeur moyenne simple est de 120 % du corps[#128].

Caractères typographiques : principaux attributs de style

POLICE (FONTE)
Garamond
Arial
Century Gothic
Courier

GRAISSE
Light (45)
Roman (55)
Bold (65)
Black (75)
UltraBlack (95)

CORPS taille exprimée en points
corps 6
corps 8
corps 12
corps 24

FACE
Romain
Italique
Inclinaison (12°)

NB : l'italique réel suppose une fonte dédiée; alors que l'inclinaison se borne à pencher le caractère (*faux italique*)

COULEUR ET TEINTE
Noir 100%
Noir 70%
Noir 40%
Noir 20%
Noir 10%

CAPITALES
Petites capitales
GRANDES CAPS

NB : les capitales sont des attributs de style agissant sur les caractères *a posteriori*. Ne pas les confondre avec les majuscules, qui reflètent la saisie elle-même (**a** ou **A**).

APPROCHE dite aussi *interlettrage*
rapproché (-75)
normal (0)
aéré (100)

DÉCALAGE VERTICAL
Positions sur la ligne
en exposant
en indice

ÉCHELLE l'image du caractère (glyphe) subit un traitement graphique
normal
étroitisé
élargi
diminué
agrandi

SOULIGNEMENT & BIFFURE
souligné simple
souligné double
pointillés
sinusoïde
~~barré~~

ESPACES TYPOGRAPHIQUES recommandées au voisinage des signes de ponctuation

Espaces et ponctuation

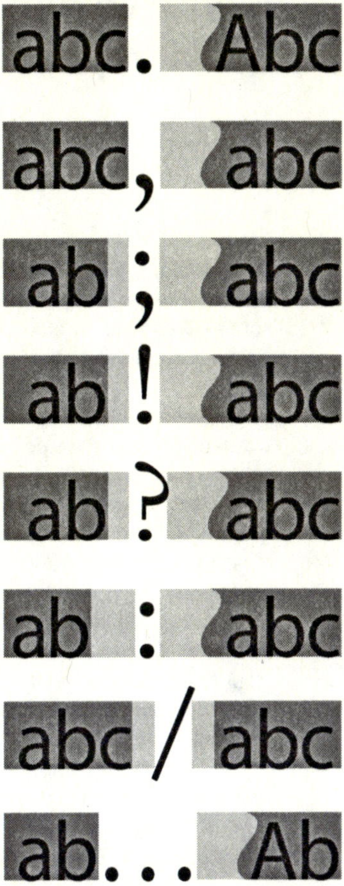

Espace simple (dite aussi *espace justifiante*) : taille «élastique» selon la justification du texte

Espace-mot insécable : taille fixe valant environ 1/4 du cadratin

Espace fine ou demi-fine (insécable) : taille fixe valant 1 ou 2 points
Lorsque ce caractère fait défaut, on utilise l'espace-mot insécable

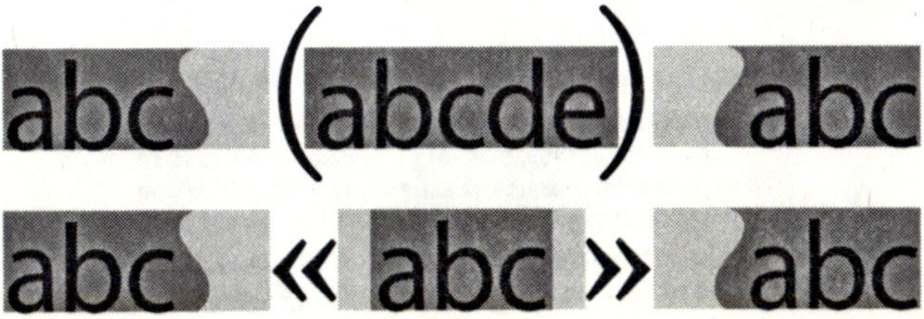

Mettre en forme une bibliographie

Une bibliographie est en principe un élément annexé en fin d'ouvrage, qui regroupe l'ensemble des sources consultées. S'appliquent alors des règles assez rigides, bien connues des universitaires :

1) Classer alphabétiquement les références par nom d'auteur (composé en petites capitales ou en capitales) suivi du prénom entre parenthèses.

2) Titres d'œuvres ou de revues en italique (les dactylographes utilisent le soulignement).

3) Titres d'articles, de collections, de chapitres... entre guillemets.

4) Autres informations (éditeur, année, lieu, pages) composées en caractères courants (romain).

5) Abréviations :

— si l'œuvre ne comporte pas la mention de l'éditeur, on utilise l'abréviation *s. l.*;

— si l'œuvre ne comporte pas la mention de la date, on utilise l'abréviation *s. d.*;

— si les deux mentions font défaut, on utilise l'abréviation *s. l. n. d.* («sans lieu ni date»).

Voici deux exemples de mentions bibliographiques, l'un pour un ouvrage simple, l'autre pour un article de revue :

DUPONT (Martin) et DURAND (Gaston), *La Bible des éditeurs* (trad. P. DUGENOU, titre orig.: *Publishers Bible*), en collab. avec D. THOMAS, présenté et annoté par D. SPY, éd. Scribum, coll. «Lettres», 3e édition, Paris, 1993, t. III, vol. 2, 504 p.

MORFOUACE (Pauline), «Vices et vertus de l'édition à compte d'auteur», dans *Ecrire&Editer* n°41, s.l., déc. 2003, p. 28-39

Livre et typographie : bibliographie express

***Lexique des règles typographiques en usage à l'Imprimerie nationale,* Imprimerie nationale**
L'officiel de la typo, rigoriste mais indispensable.

***Abrégé du Code typographique à l'usage de la presse,* éd. CFPJ**
Règles de base pour autodidactes, aussi utiles aux journalistes qu'aux écrivains.

***Livre et typographie,* Jan Tschichold, éd. Allia**
L'art splendide et anonyme du typographe, par un maître incontesté.

***Manuel de typographie et de mise en page,* François Richaudeau, éd. Retz**
Ouvrage sans prétention, axé sur la question de la lisibilité typographique.

***Manuel de typographie française,* Yves Perrousseaux, Atelier Perrousseaux**
Les classiques et les modernes réconciliés par Y. Perrousseaux, imprimeur-typographe.

***Le Ramat typographique,* Aurel Ramat, éd. Corlet**
Sans fioritures, un manuel moins académique que pragmatique, faisant la part belle à la presse écrite.

***Encyclopédie de la chose imprimée,* sous la dir. de Marc Combier, éd. Retz**
Déjà mentionné à l'attention des auteurs-éditeurs (**#104**), cette bible couvre en détail tous les concepts-clés de l'imprimerie et de l'édition. Ouvrage technique et richement illustré.

Chemin de fer d'un livre

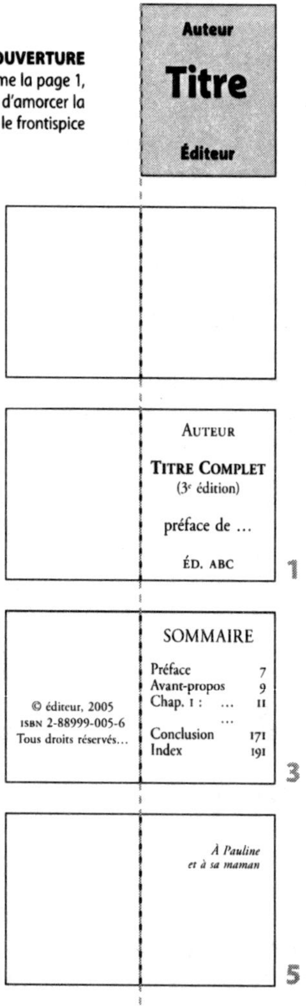

COUVERTURE
Quelquefois considérée comme la page 1, bien qu'il soit préférable d'amorcer la numérotation avec le frontispice

FAUSSES GARDES
2 ou 4 pages blanches optionnelles

FRONTISPICE
Parfois précédé d'une page dite de «faux titre» reproduisant simplement la couverture, le frontispice développe complètement le titre du livre : auteur, coauteurs, préfacier, éditeur, tomaison, millésime…

COPYRIGHT
Usuellement suivi de l'ISBN (**#144**) et d'un avertissement contre la contrefaçon (**#30**) *v. aussi* **#10**

SOMMAIRE
S'il est placé en tête d'ouvrage, le sommaire suit le copyright. Sinon, on compose plutôt une table des matières

DÉDICACE IMPRIMÉE
Ordinairement composée en italique et dans un corps inférieur, la dédicace est placée dans la moitié supérieure de la page, souvent alignée «au fer à droite»

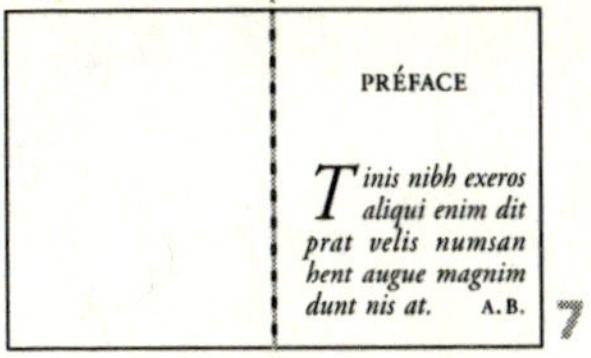

PRÉFACE
Rédigée par un tiers et composée en italique, la préface occupe une ou plusieurs pages du livre. Elle précède obligatoirement l'avant-propos ou autre chapitre introductif.

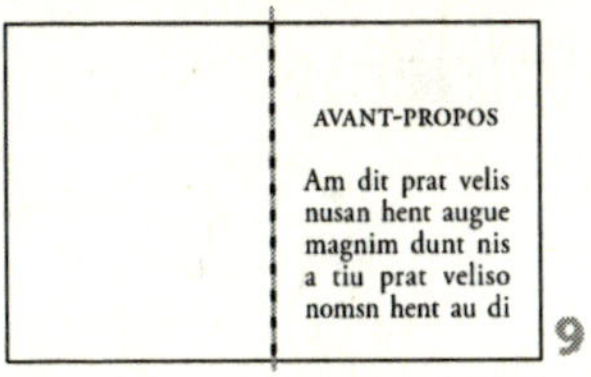

AVANT-PROPOS
Tout comme la préface, les rubriques *AVANT-PROPOS, PROLOGUE* ou autre *AVERTISSEMENT,* débutent de préférence en page impaire («belle page»). La numérotation du livre sera souvent imprimée à partir de la page suivante.

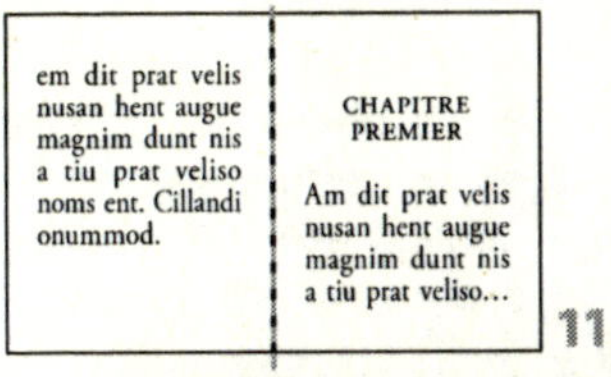

TEXTE
Rappelons que chaque début de chapitre ou de grande section du livre doit être positionné en belle page (à droite), quitte à insérer une page vierge à gauche.

CŒUR DE L'OUVRAGE

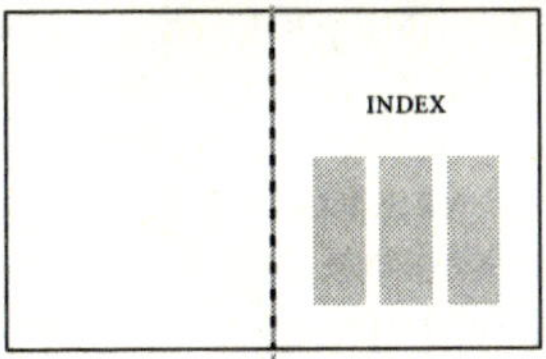

INDEX
Liste de mots-clés classés par ordre alphabétique et renvoyant aux pages leur correspondant. L'index peut être complété d'un glossaire ou lexique (comportant des définitions succinctes).

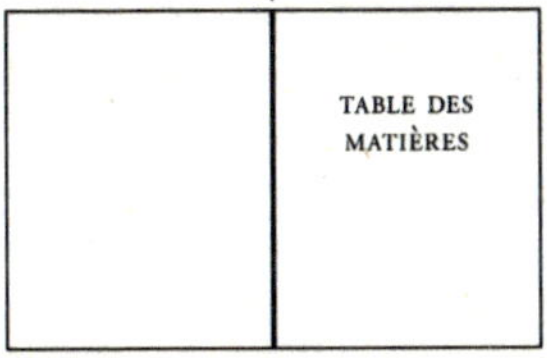

TABLE DES MATIÈRES
C'est un sommaire en plus détaillé.
Voir **#137**

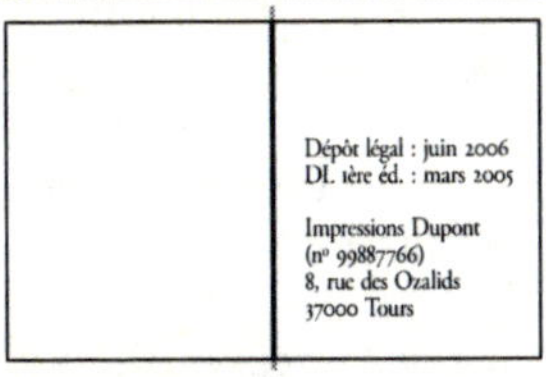

ACHEVÉ D'IMPRIMER
Jadis nommé *colophon,* l'achevé d'imprimer comporte l'indication obligatoire de la date (mois et année) du tirage, ainsi que le nom, le nº et l'adresse de l'imprimeur (c'est une obligation rattachée au dépôt légal). L'achevé d'imprimer est composé par l'imprimeur lui-même et se place en dernière page intérieure.

4e de couverture Voir **#133**

Couverture : première et quatrième

UNE

La couverture d'un ouvrage (qu'on appelle « une » en presse magazine), doit obligatoirement comporter :

— le nom ou pseudonyme de l'auteur;

— le titre de l'œuvre.

Accessoirement :

— le nom de l'éditeur;

— le genre.

Si l'identité de l'éditeur n'est pas révélée en couverture, son indication reste impérative en page de copyright#132 ou dans l'ours#138, du fait de la loi du 29 juillet 1881 (qui réclame un responsable de publication bien identifié).

Le droit d'auteur impose de son côté que les coauteurs, le traducteur, le préfacier, l'illustrateur ou le photographe de couverture, soient nommés distinctement et en bonne place : soit en couverture, soit sur le frontispice#132, soit en 4e de couverture.

QUATRIÈME DE COUVERTURE

Elle désigne la page dorsale du livre. Tandis que l'achevé d'imprimer#132 est porté sur la dernière page intérieure, les mentions obligatoires liées au prix unique#143 figurent sur la 4e de « couv » : prix public en euros, ISBN#144 et, le cas échéant, ISSN (série ou collection). Ce bloc d'informations est d'ordinaire associé au code-barres#145 (facultatif).

La 4e de couverture est enfin l'emplacement privilégié pour la notice biographique de l'auteur et, surtout, le texte d'accroche ou *prière d'insérer*.

Feuillet, signes, alinéas : le calibrage du tapuscrit

POSITION DU PROBLÈME

Depuis l'arrivée du traitement de texte#122, le calibrage de la copie, c'est-à-dire l'estimation de son occupation finale en nombre de pages, n'induit plus de calculs sophistiqués. Jadis, le feuillet standard s'identifiait à un récipient de 60 caractères de large et de 25 lignes de haut : il pouvait donc recevoir **jusqu'à 1500 signes** (sans alinéa), mais le feuillet était rempli sitôt que l'auteur avait « consommé » les 25 lignes allouées. Cela se produisait parfois avec quelques centaines de caractères, par exemple dans une page de dialogue « ping-pong » riche de retours à la ligne, occasionnant de ce fait beaucoup de *lignes creuses*.

FEUILLET « ASCII »

Aujourd'hui, le feuillet est presque toujours évalué en signes informatiques (« feuillet Ascii »), le quota de 1500 étant bien sûr conservé. Imperceptiblement, les auteurs payés « au feuillet » ont donc été lésés : ils doivent produire plus pour le même prix. Rappelons tout de même que les espaces et autres caractères « blancs » (tabulations, sauts...) doivent être comptabilisés. On s'assurera que les statistiques établies par le logiciel ne les occulte pas.

Le calibrage réel d'un tapuscrit reste tout à fait possible : il suffit de composer le document dans une police à chasse fixe (type Courier) de telle sorte qu'une ligne accepte au plus 60 caractères et une page 25 lignes !

Instructions de composition

PRINCIPE

Lorsque l'auteur ou l'éditeur remet au chef de fabrication un tapuscrit dactylographique sans enrichissements (italique, gras, etc.[#128]), il est utile de consigner certaines mises en forme typographiques à même le document. Les instructions de composition respectent un formalisme connu des compositeurs et des préparateurs de copie. Elles servent aussi en correction d'épreuves[#136].

Instructions conventionnelles

souligné droit	*italique*
souligné ondulé	**gras**
un droit et un ondulé	***italique gras***
deux soulignés droits	PETITES CAPITALES
trois soulignés droits	CAPITALES
quatre soulignés droits	*CAPITALES ITALIQUE*
trois droits et un ondulé	**CAPITALES GRAS**
quatre droits et un ondulé	***CAPITALES ITALIQUE GRAS***

Correction d'épreuves

Les auteurs gagneront beaucoup à appliquer les signes usuels de correction d'épreuves (suppression, déplacement, remplacement de termes, enrichissements#128,#135…). Leurs instructions n'en seront que plus efficaces et c'est un gage de professionnalisme.

Distinguez les corrections d'auteur des corrections typo en utilisant deux couleurs d'encre. Si trop de coquilles et de fautes évidentes échappent au correcteur professionnel, vous êtes en droit de réclamer un travail plus appliqué avant le BAT… et de douter du sérieux de votre éditeur. *A fortiori* si le manuscrit ne comportait pas ces erreurs !

Soyez minutieux : la correction d'épreuves inclut la vérification des folios (numéros de pages), des appels de notes, des dates, des noms propres, des abréviations, etc.

SIGNES DE CORRECTION LES PLUS EMPLOYÉS

remplacement	Un candélobre tout couvert en fleurs	a/ de/
suppression	ciselées brûlaient au fond, et chacuune	𝒮/ 𝒮/
insertion	de ses huit braches en portait dans un	n/ or/
permutation	calice de diamants mèche une de	
espace à suppr.	byssus. Il éta it posé sur la dernière des	
espace à insérer	longues marches quiallaient vers un	#/
	grand autel, terminé aux angles par des	
alinéa à insérer	cornes d'airain. Deux escaliers latéraux	
	conduisaient à son sommet aplati ;	
alinéa à suppr.	on n'en voyait pas les pierres ; c'était	
	comme une montagne de cendres accumulées, et quelque chose d'indistinct	

Sommaire ou table des matières ?

DÉFINITIONS

Un sommaire présente sous forme abrégée la substance d'un ouvrage ou d'un chapitre. Il figure en tête de l'ouvrage (ou du chapitre). Il n'indique pas nécessairement les correspondances entre les titres de sections et les folios, rôle plutôt dévolu à la table des matières, cette dernière constituant une sorte de sommaire détaillé. La table figure en principe à la fin de l'ouvrage et peut s'étendre sur plusieurs pages, selon son degré de précision.

EN PRATIQUE

En non-fiction, l'auteur a intérêt à composer lui-même la table des matières de son livre, surtout s'il compte démarcher les éditeurs « à l'américaine »#84.

Les logiciels de traitement de texte#122 proposent des fonctionnalités avancées pour générer et mettre à jour une table des matières durant la mise en forme de l'ouvrage. Pour ce faire, on veillera à utiliser les styles de niveaux de titres (*titre 1*, *titre 2*, etc.) lors de la saisie du document.

Un soin particulier sera porté à la lisibilité de la table des matières. On utilise des différences de graisse ou de corps#128 pour rendre les niveaux hiérarchiques. Chaque titre de section (ou de sous-section) occasionne un renvoi à son numéro de page. Pour faciliter la lecture des correspondances titre / page, on guide l'œil du lecteur avec des séries de points (*points de suite*) paramétrées grâce aux fonctions de traitement des tabulations.

Ours d'une revue

Ancien surnom donné aux imprimeurs, l'ours désigne aujourd'hui l'ensemble des mentions obligatoires portées sur chaque livraison d'une publication périodique

Numéro attribué par la Commission paritaire des publications et agences de presse (CPPAP). Cette administration accorde, sur admission, des tarifs postaux préférentiels et des allégements fiscaux aux périodiques › *www.ddm.gouv.fr/cppap/*

Numéro d'immatriculation (International Standard Serial Number) fourni par la régie ISSN de la BNF lors de la création du périodique

Les Cahiers du Haïkaï
www.cahikai.org n°4, sept. 2005

ISSN : 1234-5678 CPPAP : 98765

Directeur de publication :
Jean Lepotier
Association Cahika (asbl)
10, rue de Pékin
75006 Paris
T 01 22 33 44 55

Responsable juridique de la revue, le directeur de publication doit impérativement être identifié, avec les coordonnées de la structure éditrice

Rédactrice en chef :
Élise Denlavalet
Comité de rédaction :
… … … … … … …
… … … … … … …

Les noms du «réd'chef» et des collaborateurs réguliers de la revue ne relèvent pas de la mention obligatoire

Impressions Allimpress *(Strasbourg)*
Dépôt légal : 20 octobre 2006

Les manuscrits ne sont pas retournés
Diffusion : uniquement sur abonnement

L'ours doit porter le nom et l'adresse de l'imprimeur; la date du dépôt légal est aussi la date officielle de la publication, celle qui déterminera par exemple le délai de prescription en cas de diffamation…

Offset ou numérique ?

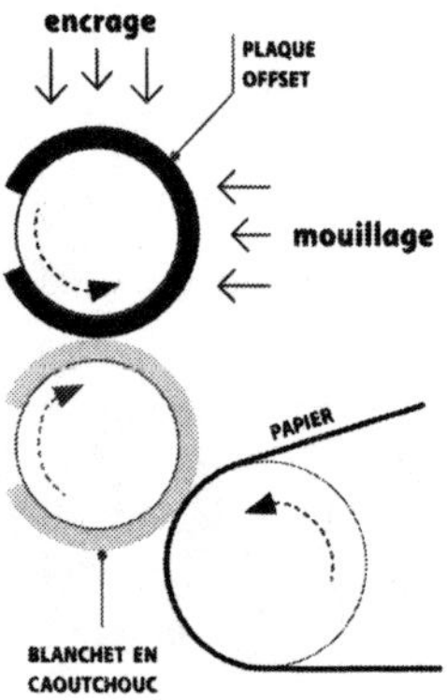

Impression offset (schéma)

L'OFFSET

Procédé d'impression inspiré de la lithographie, l'offset domine largement le marché des grands tirages. Contrairement à l'imprimerie au plomb (typographie en relief) ou à l'héliogravure (en creux), le procédé offset est dit « à plat » ; il ne se fonde pas sur le relief de la forme imprimante mais sur l'antagonisme entre l'eau et les corps gras : une plaque spécialement préparée et montée sur cylindre reçoit de l'eau (mouillage) et de l'encre grasse (encrage) qui se repoussent de telle sorte que l'encre se dépose sur la surface imprimante alors que l'eau « isole » la surface restante.

La plaque en rotation transmet la forme imprimante à une gaine de caoutchouc (blanchet) elle-même montée sur cylindre, laquelle absorbe l'eau et reporte (« *offset* ») la forme sur le papier, pressé par un troisième cylindre. Le papier est fourni en feuilles ou en bobine (rotative offset).

Ce procédé est dispendieux car il implique la réalisation d'un film (flashage) avant de produire chaque plaque offset, elle-même coûteuse à créer et à « caler ». En impression quadri, il faut compter quatre films par page. Un film est facturé aux alentours de 4€, une plaque revient à 50€ et le calage se chiffre à plus de 100€ de l'heure. En contrepartie de ces coûts fixes incompressibles, l'impression offset garantit une qualité irréprochable et présente un taux d'amortissement intéressant sur les tirages supérieurs à 1000 exemplaires.

Pour les ouvrages en noir et blanc ou en bichromie simple, le système dit de « plaques rapides » permet d'économiser les frais de flashage au prix d'une perte de qualité : l'éditeur fournit à l'imprimeur une sortie laser à clicher telle quelle.

Une autre astuce consiste à imprimer soi-même des films transparents qu'on trouve dans les rayons bureautiques des papeteries. Bien entendu, le résultat ne rivalise pas avec un vrai flashage mais il peut suffire pour des travaux de modeste facture. L'imprimeur reproduit alors ces « calques maison » sur les plaques offset. Attention : cette méthode exige de paramétrer l'imprimante en sortie « miroir », de façon que le film soit imposé dans le bon sens sur la plaque offset (c'est la face imprimée du transparent qui sera en contact avec la plaque).

Les machines dites « offset numérique » combinent les avantages de l'offset et du numérique : elles permettent notamment de fabriquer les plaques directement à partir du poste informatique. Des tirages de 500 exemplaires sont alors envisageables « en offset » sans générer de surcoûts prohibitifs. Cependant, sur un petit tirage, l'opération globale est plus lente qu'en pur numérique, le délai de séchage de l'encre offset étant d'environ 24 h.

L'IMPRESSION NUMÉRIQUE

L'impression dite numérique a explosé ces dernières années avec l'avènement de services *d'édition à la demande*[#119] destinés aux particuliers (autoédition[#101]).

Le principe de l'impression numérique s'appuie sur les procédés existant de reprographie (photocopieuses) alliés à l'intégration informatique de toute la chaîne aboutissant au livre imprimé. La qualité numérique est équivalente à la qualité laser (600 à 1200 dpi). Les premières machines Xerox, telles la fameuse Docutech, débitaient une centaine …

de copies A4 par minute. Aujourd'hui, les systèmes à alimentation papier continue (famille InfoPrint d'IBM, par exemple) affichent des débits de 200 à 1000 impressions A4 par minute.

En sortie, les livres sont généralement brochés#142 avec couverture couleur — la reliure cuir, cartonnée ou tissu peut s'envisager optionnellement.

Contrainte majeure, le format des pages finales est souvent préétabli par le prestataire d'impression numérique, lequel propose naturellement un jeu de formats compatible avec son dispositif de production. Les formats#140 usuels sont les A3, A4 et A5. Le choix du papier#141 est lui aussi très limité : le 80 g/m² — éventuellement bouffant — s'impose assez souvent en pages intérieures.

COMMENT CHOISIR ?

L'originalité de l'impression numérique réside dans le fait que les coûts de fabrication#109 sont strictement proportionnels au tirage désiré, et qu'un retirage éventuel est possible sans nouveaux frais (alors qu'un imprimeur offset doit « recaler » les plaques, en espérant d'ailleurs qu'il les aura conservées !).

Sur un plan purement économique, on recommandera aux microéditeurs d'appliquer la stratégie suivante :

tirage	**procédé d'impression**
1 à 300	numérique
300 à 700	num. ou *offset num. (selon devis)*
700 à 1200	num., *offset num.* ou offset *(selon devis)*
+ de 1200	offset

Formats de papier

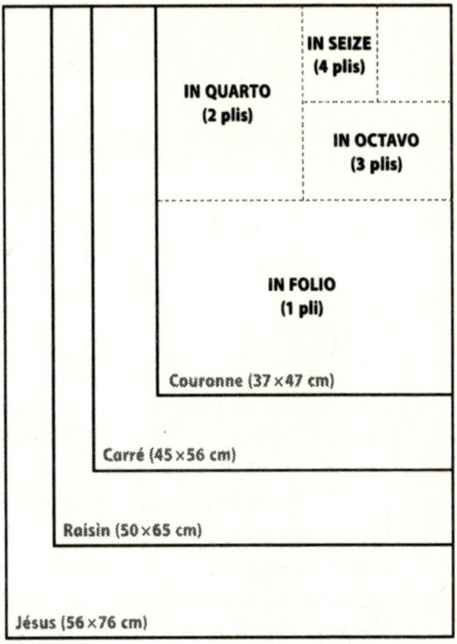

Quelques formats «historiques» avec leurs anciennes appellations (échelle 1:10)

Les formats ISO:

A0 : 84,1 × 118,9	A1 : 59,4 × 84,1	A2: 42 × 59,4	A3: 29,7×42
A4 : 21 × 29,7	A5: 14,8 × 21	A6: 10,5 × 14,8	A7: 7,4×10,5
A8 : 5,2 × 7,4	A9: 3,7 × 5,2	A10: 2,6 × 3,7	

(échelle 1:10)

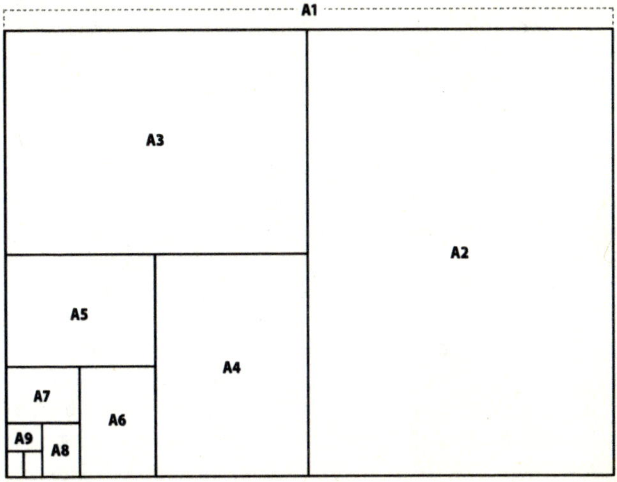

Caractéristiques du papier

Grammage, épaisseur et main
Le *grammage* désigne le poids surfacique du papier, il s'exprime en grammes par mètres carrés (g/m^2) et varie de 25 (papier bible) à 220 g/m^2 ; au-delà le papier est cartonné. L'*épaisseur*, mesurée en microns (millièmes de millimètres), n'est pas corrélée au grammage car il existe des papiers épais et très légers, tels les *bouffants*. On appelle *main* le rapport épaisseur/grammage. Plus la main est faible, plus le papier semble mou et facile à froisser. La main se situe bien souvent entre 1 et 1,5 ; le papier bouffant dépasse 1,7.

Traitements de la surface
Le papier brut est fibreux, rugueux et irrégulier. Plusieurs procédés peuvent se conjuguer pour en modifier la texture : le **lissage** (ou apprêt) consiste à comprimer le papier dans un laminoir pour le rendre plus homogène ; le **calandrage** est un lissage amélioré qui, par friction, accroît la porosité tout en satinant (effet brillant ou glacé) ; le **couchage** applique un enduit qui adoucit le toucher et augmente la capacité du papier à fixer l'encre. Lorsque les feuilles traitées arrivent à l'étape du **séchage**, elles sont éventuellement **pigmentées**, ou renforcées par une couche d'amidon qui les rend plus robustes (**surfaçage**).

Luxueux, les papiers « couchés classiques » s'emploient pour des ouvrages au graphisme très exigeant. Les papiers « offset » peuvent rivaliser, offrant maintes variétés de satinés entre 45 et 80 g/m^2. Les bouffants (pas ou peu apprêtés) concernent les livres simples sans trames de gris.

Façonnage

Le façonnage désigne l'ensemble des opérations conduisant du papier imprimé au livre fini.

Massicotage
Le massicot est l'instrument qui assure la coupe du papier, au dixième de millimètre près.

Pliage et assemblage
La feuille imprimée comporte évidemment plusieurs pages du livre : on parle de cahiers de 8 à 32 pages selon le nombre de plis à effectuer (opération traitée par des « plieuses »). Les cahiers sont ensuite assemblés dans l'ordre adéquat en vue du brochage.

Brochage
Une fois assemblés, les cahiers constituant un exemplaire du livre sont cousus, collés ou cousus-collés. La couture fil garantit une ouverture plus souple et plus robuste. Un système baptisé *burst binding* (« reliure éclat ») donne aux ouvrages simplement collés une tenue satisfaisante grâce à des perforations ménagées sur le pli des cahiers.

« Dos carré collé »
Les ouvrages courants sont façonnés sans couture : la tranche intérieure de la couverture est appliquée sur les cahiers encollés. Certaines colles industrielles sèchent en quelques minutes. L'exemplaire fini passe aussitôt sous les fourches d'un massicot « trilatéral » qui en fera un parallélépipède parfait.

Les livres dits *reliés* (couverture cartonnée avec revêtement toile ou similicuir) sont bien sûr d'une réalisation plus luxueuse.

Prix unique du livre

PRINCIPE

La loi dite du «prix unique» (loi Lang du 10 août 1981) impose à tous les libraires et détaillants de respecter le prix fixé et affiché par l'éditeur, à concurrence d'un rabais maximal de 5%.

DÉROGATIONS

1) Prix de souscription
L'éditeur ou l'auteur-éditeur est libre de fixer temporairement un prix préférentiel durant une phase de souscription (qui consiste à susciter des commandes avant la fabrication du livre pour déterminer le tirage optimal). Ce prix ne peut plus être pratiqué dès lors que l'ouvrage est vendu au prix normal en librairie.

2) Prix de lancement
Comme le *prix souscription,* un «prix de lancement» est autorisé par la loi, inférieur au prix définitif, durant une période raisonnable. Il ne peut plus être question de lancement lorsque la phase de promotion initiale est terminée.

3) Acheteurs privilégiés
Les bibliothèques et établissements d'enseignement peuvent bénéficier d'une remise supérieure à 5%.

4) Courtage et VPC
Les sociétés de vente par correspondance, courtage, abonnement, club, peuvent baisser le prix du livre après un délai de 9 mois mini.

5) Soldes
Un libraire peut solder un livre (retour au prix libre) si : *a)* la parution a plus de 2 ans; b) le dernier réassort a plus de 6 mois.

Obtenir un ISBN

DÉFINITION

Adopté par l'ISO en 1972, l'ISBN (*International Standard Book Number*) est un code identifiant chaque livre soumis au dépôt légal. En France, l'immatriculation est gérée par l'Afnil (Agence francophone pour la numérotation internationale du livre), qui délivre un jeu d'ISBN aux éditeurs demandeurs. Actuellement à 10 chiffres, le code passera à 13 chiffres le 1er janvier 2007 (l'Afnil mettra en service des logiciels de conversion des anciens numéros).

MODALITÉS D'OBTENTION

Sur son site Web, l'Afnil propose des formulaires à imprimer pour formaliser la demande d'attribution. Les auteurs-éditeurs rempliront le formulaire « autoédition-particuliers », comportant les champs suivants : coordonnées du demandeur, ligne éditoriale, nombre de titres annuels prévus, modalités de diffusion/distribution, procédé d'impression et fiche signalétique du premier ouvrage à paraître (titre, auteur, nombre de pages, format, imprimeur, tirage...).

Pour être pris au sérieux, l'auteur-éditeur annoncera un tirage supérieur à 500 exemplaires (même s'il tire en-dessous). Le formulaire peut être retourné par courriel, et l'ISBN sera obtenu sous quinzaine. On le reportera sur la quatrième de couverture#133.

Afnil (www.afnil.org), 35 rue Grégoire de Tours, 75279 Paris Cedex 06

Créer un code à barres

Vignette générée par le logiciel « Code-Barre Generator » à partir de la séquence 9782952372008

PRINCIPE

Le code à barres plaqué au dos des livres correspond à celui pratiqué dans la grande distribution, le fameux EAN-13 : « European Article Number à 13 chiffres », aussi appelé *Gencod*. Il donne la traduction optique d'un nombre sous la forme d'une série de barres et d'espaces. Ce que représente ce nombre (fabricant, pays, code-produit, prix associé…) est le fruit d'un traitement informatique.

Dans le cas des livres et publications en série, le code EAN-13 découle de l'ISBN[#144] (ou de l'ISSN). Au moment où elle délivre son immatriculation à un éditeur, l'Afnil lui communique aussi les chiffres EAN à utiliser pour fabriquer le code-barre qui, le cas échéant, figurera en quatrième de couverture avec l'ISBN. L'application d'un code-barre n'est pas obligatoire mais simplifie la vie des libraires et crédibilise l'auteur-éditeur[#103] qui tente de se diffuser.

GÉNÉRER LA VIGNETTE

Techniquement, la vignette est une image noir et blanc représentant le code optique et, en pied, une reproduction de sa séquence numérique.

Pour créer cette image à partir du code EAN, il suffit d'utiliser un des nombreux « gratuiciels » dédiés à la génération de codes-barres. Nous avons testé ceux-ci :

- ***« Code-Barre Generator », développé par Xavier Valentin, www.darkskull.net***
- ***« Axel Code-Barre », développé par Axel Chambily, www.chambily.com***

Rappel : les trois façons de mettre un livre en librairie

Trois systèmes régissent — entre l'éditeur (ou son diffuseur#69) et le détaillant — la vente en librairie :

LA VENTE FERME. — Pour rafraîchir ses rayons, satisfaire une commande ou mettre en œuvre une politique dite de «création», le libraire va à l'éditeur et lui achète un livre. Il paie aussitôt, bénéficiant d'une remise de 30 à 35% sur le prix HT. En cas d'invendu, le livre n'est pas retourné à l'éditeur. **Intérêt du système :** simple, propre, sans délai de paiement.

LE DÉPÔT. — Démarche inverse, le petit éditeur ou l'auteur-éditeur aimerait voir son livre en rayons. Il doit convaincre le libraire, il propose alors l'ouvrage en dépôt. Le libraire ne prend évidemment pas le risque d'acheter ferme car il ne sait pas si le livre va partir : il paiera *a posteriori* en fonction des ventes (moyennant la remise habituelle). La durée du dépôt écoulé, l'éditeur vient faire le point et récupère les invendus défraîchis. **Intérêt du système :** le libraire peut rester ouvert aux «livres difficiles» sans prendre aucun risque. Le dépôt est un petit canal d'accès pour les ouvrages autoédités.

L'OFFICE#70. — L'éditeur ou son diffuseur passe un contrat avec le libraire : je t'envoie d'office mes nouveautés et tu me les paies sous 30, 60 ou 90 jours. Tu peux me retourner les invendus dans un délai de 9 mois pour te les faire rembourser... **Intérêt du système :** aucun! L'office est réservée aux mastodontes de l'édition et noie les librairies.

Web littéraire et culturel : 10 signets essentiels

- ***Zazieweb*** **www.zazieweb.fr**
  Portail-pionnier des amoureux du livre et de l'édition, terre d'échanges et de dialogue, innombrables liens.
- ***La Clé des procédés littéraires*** **www.cafe.umontreal.ca/cle/**
  Répertoire de 8000 figures et procédés stylistiques ou lexicaux, classés par genres, circonstances et «opérations»
- ***Fabula*** **www.fabula.org**
  La recherche littéraire abordée sous l'angle du portail universitaire. Articles théoriques et nombreuses ressources.
- ***Mauvais Genres*** **www.mauvaisgenres.com**
  L'actualité vivante et tumultueuse du polar et de la SF : interviews, annonces, agendas (salons, concours), etc.
- ***Vox Poetica*** **www.vox-poetica.org**
  Somme d'articles copieux et épineux consacrés à la poétique et à l'analyse littéraire. Très spécialisé mais vaut le détour.
- ***Oulipian Exercices*** **http://www2.iap.fr/users/esposito/oulipogef.html**
  Gilles Esposito-Farèse explore les limites de l'écriture oulipienne : une encyclopédie vraiment spectaculaire!
- ***Pages françaises de science-fiction*** **http://sf.emse.fr**
  La SF à travers ses auteurs, festivals, collections, revues, fanzines, listes de diffusion, petites annonces…
- ***Gallica*** **http://gallica.bnf.fr**
  Bibliothèque numérique de textes du domaine public (fonds BNF), avec critères de recherche (très) avancés.
- ***BD Paradisio*** **www.bdparadisio.com**
  Le zinc de la BD! Un portail historique, intarissable et d'une teneur informationnelle inégalée.
- ***Office québécois de la langue française*** **www.oqlf.gouv.qc.ca**
  Non contents d'exporter leurs chanteurs, les Québécois font le meilleur site institutionnel dédié à la langue française! Des tas de rubriques remarquables, dont la «banque de dépannage»…

Web juridico-institutionnel : 11 signets essentiels

- **La Lettre de Nodula** **www.nodula.com**
  Chaque mois, l'essentiel de l'actualité juridique et de la création artistique décryptée pour un public averti
- **ADAGP** **www.adagp.fr**
  Société des auteurs dans les arts graphiques et plastiques : site de référence pour les auteurs graphiques, plasticiens, etc.
- **Afnil** **www.afnil.org**
  Agence francophone pour la numérotation internationale du livre : des explications claires sur l'ISBN et le dépôt légal
- **APP** **http://app.legalis.net/paris/**
  Agence pour la protection des programmes : une association militante et informée en matière d'œuvre numérique
- **ATLF** **www.atlf.org**
  Association des traducteurs littéraires de France : actualités de la traduction, formations, conseils pratiques…
- **BNF** **www.bnf.fr**
  L'incontournable site de la Bibliothèque nationale de France
- **Cnap** **www.cnap.fr**
  Guides et ressources du Centre national des arts plastiques (nombreuses informations pour les photographes)
- **Direction du développement des médias** **www.ddm.gouv.fr**
  Rattachée au ministère de la culture, la DDM publie quelques bons dossiers techniques sur la presse écrite et audiovisuelle
- **INPI** **www.inpi.fr**
  Institut national de la propriété industrielle : clair et didactique
- **SACD** **www.sacd.fr**
  Société des auteurs et compositeurs dramatiques : news, agenda culturel et bulletin des auteurs (cinéma et théâtre)
- **Scam** **www.scam.fr**
  Parmi les sites-vitrines de la gestion collective, celui de la Société civile des auteurs multimedia est sans doute le meilleur. Tous les auteurs (pas seulement documentaristes) y trouveront de l'info !

Travailler son écriture : bibliographie express

***Écrire : guide pratique de l'écrivain,* Jean Guenot, éd. Guenot**
Souvent imitée, jamais égalée, une bible puissante aux antipodes du manuel « biberon ».

***Verbier : herbier verbal à l'usage des écrivants et des lisants,* M. Volkovitch, éd. Maurice Nadeau**
L'art de jouer et de voyager avec les mots.

***Story : les principes de l'écriture d'un scénario,* Robert Mc Kee, éd. Dixit**
Époustouflante leçon de créativité fictionnelle et cinématographique.

***Dictionnaire des clichés littéraires,* Hervé Laroche, éd. Arléa**
Un florilège impitoyable pour détecter les lieux communs de la prose littéraire.

***Libérer son écriture et enrichir son style,* Pascal Perrat, CFPJ / VICTOIRES**
Un petit dégraisseur de méninges pour écrivains et journalistes.

***Comment améliorer les œuvres ratées,* Pierre Bayard, Minuit**
Les ratages des plus grands auteurs au scalpel.

***Grammaire de l'imagination,* Gianni Rodari, Rue du monde**
L'art d'inventer des histoires par l'« imaginatique ».

***Gradus,* B. Dupriez, 10/18**
Le plus fameux des dictionnaires de stylistique.

***Traité de la ponctuation française,* J. Drillon, Gallimard**
Manuel pour virguler et ponctuer dans les règles de l'art.

Arcanes de l'édition : bibliographie express

***La Littérature sans estomac,* Pierre Jourde, L'Esprit des péninsules**
Radioscopie de la médiocrité littéraire ambiante.

***Écriture : mémoires d'un métier,* Stephen King, Albin Michel**
Autobiographie très didactique d'un maître de l'écriture fantastique.

***Auteurs, artistes, compositeurs… tous vos droits,* Alain Paujo, Puits Fleuri**
Un *juriguide* sans prétention pour lever les pièges du droit d'auteur et de l'édition. Efficace.

***Guide de l'auteur de bande dessinée,* CNBDI**
Édité au Centre national de la BD et de l'image, ce collectif déniaisera les bédéastes néophytes.

***Guide de la pige,* X. Cazard & P. Nobécourt, Entrecom**
Le vade-mecum du journaliste indépendant… et assimilé.

***Les Intellos précaires,* Martine & Anne Rambach, Fayard**
Enquête sur la condition sociale des travailleurs intellectuels, broyés par le médiatico-libéralisme ambiant.

***Les Plagiaires,* Roland de Chaudenay, Perrin**
De Molière à Attali, de Voltaire à Ardisson, le Who's Who des chapardeurs littéraires.

***Audace,* Roger Gaillard, L'Oie Plate**
Maintes fois cité[#86], l'inaltérable « Annuaire à l'usage des auteurs cherchant un éditeur ».

table des illustations

index

(les indices renvoient aux numéros de questions)

(les indices renvoient aux numéros de questions)

(les indices renvoient aux numéros de questions)

table des matières

Achevé d'imprimer en mars 2011
sur les presses numériques de l'Imprimerie Maury S.A.S.
Z.I. des Ondes – 12100 Millau
N° d'impression : C11/46125Q
Dépôt légal : juin 2009

Imprimé en France